Tucholsky Wagner Zola Scott Schlegel
Turgenev Wallace Fonatne Sydow Freud
Twain Walther von der Vogelweide Fouqué Friedrich II. von Preußen
Weber Freiligrath Frey
Fechner Fichte Weiße Rose von Fallersleben Kant Ernst Richthofen Frommel
Hölderlin
Engels Fielding Eichendorff Tacitus Dumas
Fehrs Faber Flaubert
Eliasberg Ebner Eschenbach
Feuerbach Maximilian I. von Habsburg Fock Eliot Zweig
Ewald Vergil
Goethe Elisabeth von Österreich London
Mendelssohn Balzac Shakespeare Dostojewski Ganghofer
Lichtenberg Rathenau
Trackl Stevenson Doyle Gjellerup
Mommsen Tolstoi Hambruch
Thoma Lenz Hanrieder Droste-Hülshoff
Dach Verne von Arnim Hägele Hauff Humboldt
Reuter Rousseau Hagen Hauptmann
Karrillon Garschin Gautier
Defoe Baudelaire
Damaschke Descartes Hebbel
Hegel Kussmaul Herder
Wolfram von Eschenbach Dickens Schopenhauer
Bronner Darwin Melville Grimm Jerome Rilke George
Campe Horváth Aristoteles Bebel Proust
Bismarck Vigny Barlach Voltaire Federer Herodot
Gengenbach Heine
Storm Casanova Tersteegen Gilm Grillparzer Georgy
Chamberlain Lessing Langbein Gryphius
Brentano Lafontaine
Strachwitz Claudius Schiller Kralik Iffland Sokrates
Bellamy Schilling
Katharina II. von Rußland Gerstäcker Raabe Gibbon Tschechow
Löns Hesse Hoffmann Gogol Wilde Vulpius
Luther Heym Hofmannsthal Klee Hölty Morgenstern Gleim
Roth Heyse Klopstock Kleist Goedicke
Luxemburg Puschkin Homer Mörike
La Roche Horaz Musil
Machiavelli Kierkegaard Kraft Kraus
Navarra Aurel Musset
Lamprecht Kind Kirchhoff Hugo Moltke
Nestroy Marie de France
Laotse Ipsen Liebknecht
Nietzsche Nansen Ringelnatz
Marx Lassalle Gorki Klett Leibniz
von Ossietzky May vom Stein Lawrence Irving
Petalozzi Knigge
Platon Pückler Kafka
Sachs Poe Michelangelo Kock
Liebermann Korolenko
de Sade Praetorius Mistral Zetkin

Der Verlag tredition aus Hamburg veröffentlicht in der Reihe **TREDITION CLASSICS** Werke aus mehr als zwei Jahrtausenden. Diese waren zu einem Großteil vergriffen oder nur noch antiquarisch erhältlich.

Symbolfigur für **TREDITION CLASSICS** ist Johannes Gutenberg (1400 — 1468), der Erfinder des Buchdrucks mit Metalllettern und der Druckerpresse.

Mit der Buchreihe **TREDITION CLASSICS** verfolgt tredition das Ziel, tausende Klassiker der Weltliteratur verschiedener Sprachen wieder als gedruckte Bücher aufzulegen – und das weltweit!

Die Buchreihe dient zur Bewahrung der Literatur und Förderung der Kultur. Sie trägt so dazu bei, dass viele tausend Werke nicht in Vergessenheit geraten.

Zwischen Pol und Aquator

Kurt Floericke

Impressum

Autor: Kurt Floericke
Umschlagkonzept: toepferschumann, Berlin

Verlag: tredition GmbH, Hamburg
ISBN: 978-3-8495-2999-4
Printed in Germany

Rechtlicher Hinweis:
Alle Werke sind nach unserem besten Wissen gemeinfrei und unterliegen damit nicht mehr dem Urheberrecht.

Ziel der TREDITION CLASSICS ist es, tausende deutsch- und fremdsprachige Klassiker wieder in Buchform verfügbar zu machen. Die Werke wurden eingescannt und digitalisiert. Dadurch können etwaige Fehler nicht komplett ausgeschlossen werden. Unsere Kooperationspartner und wir von tredition versuchen, die Werke bestmöglich zu bearbeiten. Sollten Sie trotzdem einen Fehler finden, bitten wir diesen zu entschuldigen. Die Rechtschreibung der Originalausgabe wurde unverändert übernommen. Daher können sich hinsichtlich der Schreibweise Widersprüche zu der heutigen Rechtschreibung ergeben.

Text der Originalausgabe

Dr. Kurt Floericke
Zwischen Pol und Äquator
Tiergeographische Lebensbilder

Dr. Kurt Floericke
Zwischen Pol und Äquator
Tiergeographische Lebensbilder

Kosmos, Gesellschaft der Naturfreunde
Franckh'sche Verlagshandlung · Stuttgart

Mit 14 Abbildungen und Kärtchen und einem farbigen Umschlagbild nach einem Aquarell von Rud. Oeffinger

Stuttgart Kosmos, Gesellschaft der Naturfreunde
Geschäftsstelle: Franckh'sche Verlagshandlung

Zwischen Pol und Äquator

Tiergeographische Lebensbilder

Von Dr. Kurt Floericke

Mit 14 Abbildungen und Kärtchen
und einem farbigen Umschlagbild nach
einem Aquarell von Rud. Oeffinger

Stuttgart
Kosmos, Gesellschaft der Naturfreunde
Geschäftsstelle: Franckh'sche Verlagshandlung

Einbürgerung fremder Tiere

Wohlmeinende und wohlhabende Tierfreunde machen sich bisweilen das Vergnügen, schön gefärbte oder sonstwie besonders anziehende Tierarten mit mehr oder minder Erfolg in unseren Fluren anzusiedeln. Wohl mögen sie ihre helle Freude daran haben, wenn die Sache nach vielen Mühen und manchen Fehlschlägen so weit geglückt ist, daß langgeschwänzte Wellensittiche schwalbenartigen Fluges wie grüne Pfeile zwischen blühenden Apfelbäumen hin und her schießen, wenn kreischende Mönchssittiche ihr großes Familiennest aus trockenem Reisig auf den Wipfeln unserer Parkbäume auftürmen, wenn bunte Sonnenvögel aus dem fernen China im duftenden Fliederstrauch ihre niedliche Kinderwiege erbauen und dabei unermüdlich ihren klangvollen Jubelschlag ertönen lassen. Und dem leidenschaftlichen Weidmann mag wohl das Herz höher schlagen, wenn er das erstemal seine Flinte auf den stattlichen, metallgleißenden Bronzeputer richten darf, den er in seinem Auwald heimisch machte, oder auf das scheue Muffelwild, das er mit unsäglichen Mühen und schweren Geldopfern in seinem Bergrevier ansiedelte. Hatte man doch sogar schon Känguruhs in der Eifel und im Hunsrück eingebürgert, wo sie schließlich nur den Flinten der Wilddiebe an den Futterstellen zum Opfer fielen, und mit südamerikanischen Steißhühnern und nordamerikanischen Schopfwachteln erfolgversprechende Versuche gemacht, die nur an der angeblichen Dummheit dieser Tiere scheiterten. Von den vielen Einbürgerungsversuchen in Mitteleuropa sind nur drei wirklich und für die Dauer geglückt: Damhirsch, der ursprünglich in den Mittelmeerländern zu Hause war, Fasan, der seine Urheimat in den Ländern am Schwarzen Meere hatte, und ganz neuerdings Bisamratte, welch zweifelhafte Bereicherung unserer Tierwelt von Nordamerika herübergeholt wurde. Die Einführung wirklicher Tropentiere ist dagegen noch nie gelungen. Steißhühner wußten sich bei uns nicht zu benehmen, Sonnenvögel brüteten und sangen zwar im Sommer recht fleißig, kamen dann aber in Verlegenheit, als sie eine passende Winterherberge suchten; sie zogen im Herbst ab, fanden aber den Rückweg nicht wieder.

Bedeuten nun aber die wenigen geglückten *Einbürgerungsversuche* wirklich eine erwünschte *Bereicherung* der Tierwelt eines Landes?

Bei Damwild und Fasan sollte man es vom jagdlichen Standpunkte aus bejahen, aber schon bei der Bisamratte muß man die Frage unbedingt verneinen. Ihr Pelzwerk erfüllt in unserem Klima nicht die darauf gesetzten Hoffnungen, aber dafür hat sie sich als ein arger Teichschädling erwiesen, der durch Unterwühlung von Dämmen und Deichen Veranlassung zu verheerenden Überschwemmungen geben und so zu einer ernsten Gefahr werden kann. Die in *Australien* ausgesetzten Wildkaninchen und die in *Nordamerika* angesiedelten Spatzen haben sich zu einer wahren Landplage entwickelt, für deren Beseitigung man schon Unsummen ausgegeben hat, ohne aber die zähe und zudringliche Gesellschaft wieder loszuwerden. Ganz abgesehen von den unabsichtlich durch den Menschen über den großen Erdball verschleppten Mäusen und Ratten, die namentlich auf einsamen Inseln die größten Verheerungen anrichten. Oft ist in solchen Fällen die ganze Tier- und Pflanzenwelt durch die fremden Eindringlinge völlig verändert oder vielmehr verödet worden. So wurden für die Napoleonsinsel *St. Helena* die eingeführten Ziegen zum Verhängnis. Sie zerstörten durch ihre gefräßige Genäschigkeit die naturgemäße Lebensgemeinschaft des weltentlegenen Eilandes, wie sie sich im Laufe der Jahrtausende herausgebildet hatte. Ebenso schädlich wie auf St. Helena hat die Einfuhr rasch verwildernder Ziegen, Schweine und Hunde auf vielen *Südseeinseln* gewirkt und die einheimische Tier- und Pflanzenwelt völlig verändert. Selbst unsere lieblichen und harmlosen Stieglitze und Hänflinge, die man mit gutem Erfolg in *Neuseeland* einbürgerte, fanden dort die besten Wohngebiete schon von einheimischen Arten besetzt, erwiesen sich im Kampfe um den Lebensraum diesen gegenüber als die stärkeren und trugen so ganz wesentlich zur Zurückdrängung und Verminderung der ursprünglichen Vogelwelt bei.

Aber auch ganz abgesehen von solchen praktischen Erwägungen oder den wissenschaftlichen Bedenken gegen jede Art von Fälschung der Tierwelt kommt hier noch der Standpunkt feinfühligen Naturempfindens in Betracht. Der Fasan ist gewiß ein schöner Vogel, aber fügen sich seine schreienden Farben, seine grölende Stimme, sein polterndes Auffliegen ohne weiteres in unser stilles Waldbild, in das mir das heimelige Haselhuhn, das leider in rascher Abnahme begriffen ist, viel eher hineinzugehören scheint? Das Damwild ist gewiß ein liebreizendes Geschöpf, aber das unverkennbar Ziegenartige in seinem fahrigen Wesen will wenigstens nach meinem Gefühl so gar nicht zu unserer sonstigen Natur stimmen. In den deutschen Urwald gehören Wisent und Elch, wenigstens Rothirsch und Schwarzwild, nicht aber das ewig unruhige Damwild, so hübsch es sich auch in wohlgepflegten Parken machen mag. Schon die zur Verbesserung der Geweihbildung versuchte Auffrischung der Rotwildbestände mit Wapitiblut war auf die Dauer kein Segen. Alle solche Einbürgerungen stören mehr oder minder die *Harmonie des Naturbildes*, die dessen wesentlichste Schönheit ausmacht.

Lebensgemeinschaften

Die Natur hat im Laufe ungezählter Jahrtausende in den verschiedenen Klimaten und Landschaftsformen des Erdballs durch Auslese und Anpassung überall wunderbar abgestimmte Lebensgemeinschaften geschaffen, deren Mitglieder, durch unsichtbare Fäden miteinander verbunden, aufs engste aufeinander angewiesen sind. Deshalb pflegt sich die Ausrottung einer Tierart auch für den Menschen früher oder später zu rächen. Wo man z. B. die angeblich schädlichen Raubvögel völlig vertilgt hat, da vermehren sich Hamster, Kaninchen und das vielartige Mäusegezücht derart ins Ungemessene, daß diese Nager bald zur Landplage werden. Moebius, der den Begriff der *Lebensgemeinschaft* (Biozönose) zuerst aufstellte, ging dabei von der Austernbank aus: in der Tat kein übles Beispiel, denn vielleicht herrscht nirgends auf Erden so vielgestaltiges Leben, so verwirrende Formenfülle, so bestechende Farbenpracht wie in der lauwarmen Uferzone tropischer Meere. Man könnte aber auch ebensogut unseren *deutschen Wald* mit all seinen Pflanzen und all seinem Getier als vollendetes Beispiel einer harmonisch ausgeglichenen Lebensgemeinschaft aufstellen, und dabei würden sich noch die verschiedensten Abarten dieser Lebensgemeinschaft widerspiegeln im Auenwald oder Gebirgswald, im Laub- oder Nadelwald, im geschlossenen Forst oder im kleinen Feldgehölz. Solche verschiedenartige Wohnplätze der Lebewesen bezeichnet man wissenschaftlich als Biotope (Abb. 1). Auch dem Laien wird es sofort klar sein, daß der mitteleuropäische Wald in bezug auf die Tierwelt ein ganz anderes Gepräge haben muß als etwa der tropische Regenwald, der keinen Winter kennt und das ganze Jahr über seine Gaben in verschwenderischer Fülle darbietet. So erzeugt unser Wald fast gar keine fleischigen Früchte, und die wenigen, die sich finden, sind nur in einem sehr beschränkten Teile des Jahres vorhanden. Ebenso fehlen im Winter die Blätter der Laubbäume. Ausgesprochene tierische Frucht- und Laubfresser vermöchten also bei uns gar nicht zu leben. Die Tierwelt unserer Forsten wird daher ärmer sein als die der Tropenwälder. Wir sehen also hier sofort die unmittelbare oder wenigstens mittelbare *Abhängigkeit der Tiergesellschaft von der Pflanzenwelt*. Wo die Pflanze verschwindet, findet auch das Tier keine Wohnstätte mehr. Selbst der kleine schwarze Gletscherfloh, der zu den Springschwänzen gehört und im Schmelzwasser der Eisgrübchen der höchsten Alpengletscher lebt, ein wahres Stiefkind der Natur, braucht doch wenigstens die zerfallenen Reste von Alpenpflanzen, die ihm von noch höheren Felsgraten her mit dem Schmelzwasser als Nahrung zugeführt werden. Auch die Gazelle vermag völlig pflanzenlose Sandstrecken der Wüste nur flüchtig zu durcheilen, der Zugvogel sie nur auf seinen Wanderungen rasch zu überfliegen, und der Löwe ist durchaus nicht der »Wüstenkönig«, zu dem Freiligrath ihn stempeln wollte.

Die Erde allein zieht uns nicht an, sondern das Leben, das sich auf ihr so mannigfach entfaltet. Darin beruht auch der vielbesungene *Waldeszauber*, dem sich ein unverdorbenes Menschengemüt so gern und mit tiefem Behagen hingibt. Es ist eigentlich grundfalsch, von »Waldeseinsamkeit« zu sprechen. Nein – wie unter den wogenden Wellen des Meeres ein buntes Gewimmel überraschend vielgestaltiger Tiere sich drängt, so auch unter den rauschenden Wipfeln der Waldbäume als eine unerschöpfliche Fundgrube für den Naturfreund, als eine unversiegliche Quelle für den Forscher. Jede alte Eiche oder Kiefer ist dabei wieder eine Lebensgemeinschaft für sich, wimmelnd von allerhand Kleingetier. Aber so mannigfach die tierische *Bewohnerschaft des Waldes* auch zusammengesetzt sein mag, so ist sie doch keineswegs vom launischen Zufall planlos zusammengewürfelt, sondern in ganz bestimmter Weise abgeschlossen, scharf und planmäßig begrenzt. Und wenn auch zahlreiche Tierarten den deutschen Wald als Lebensherberge ansehen, so muß doch dessen Bewohnerschaft vom vergleichend-wissenschaftlichen Standpunkte aus eigentlich als arm bezeichnet werden. Jedenfalls halten die Wälder der gemäßigten Breiten in dieser Beziehung keinen Vergleich aus mit denen der Tropen. Es fehlt ihnen das lärmende Gaukelvolk der Affen, die kreischenden Flüge bunter Papageien, die schimmernden Elfengestalten der Kolibris; es fehlen die blutdürstigen Großkatzen und die riesigen Dickhäuter, die gleißenden Schlangen und die mit den alten Baumknorren förmlich zu einem Gebilde verschmelzenden Faultiere.

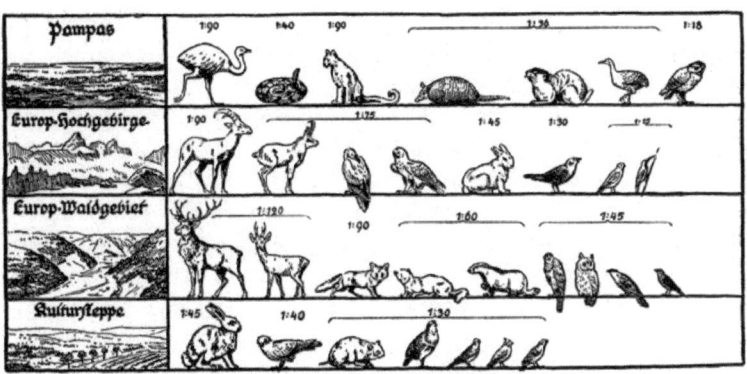

Abb. 1. Biotope und Lebensgemeinschaften.
I. Pampas mit Nandu, Klapperschlange, Puma, Gürteltier, Präriehund, Steißhuhn, Prärieeule,
II. Europ. Hochgebirge mit Steinbock, Gemse, Bartgeier, Steinadler, Alpenhast, Alpendohle, Schneefink, Mauerläufer,
III. Europ. Waldgebiet mit Edelhirsch, Reh, Fuchs, Marder, Dachs, Bussard, Ohreule, Kuckuck, Singdrossel,
IV. Kultursteppe mit Feldhase, Kornweihe, Hamster, Rebhuhn, Feldlerche, Haubenlerche, Sperling.

Dabei wissen wir durch die übereinstimmenden Berichte der Forschungsreisenden, daß eigentlich auch der vielgepriesene Tropenurwald in seinem Inneren erschreckend arm ist, daß sich regeres Tierleben nur an seinen Rändern und auf seinen Lichtungen entfaltet. Sonst herrscht hier noch die Pflanze. Ähnlich auch bei uns. Die Parklandschaft, mag sie nun von der Natur oder künstlich vom Menschen geschaffen sein, ist jedenfalls sehr viel tierreicher als der geschlossene Wald. Wenn wir trotzdem gerade diesen mitsamt seinen Bewohnern so sehr lieben, so ist dies wohl darauf zurückzuführen, daß er Wohn- und Zufluchtstätte ist gerade für unsere edelsten, d. h. höchststehenden Tierarten, die uns natürlich ganz besonders ans Herz gewachsen sind. Hier begegnen wir noch unserem stolzesten Wild, dem herrlichen Edelhirsch, hier unserem wehrhaftesten, dem ritterlichen Schwarzkittel; hier schleicht der geschmeidige Edelmarder dem munteren Eichhörnchen nach, hier führt der Dachs sein behäbiges Einsiedlerdasein, vollbringt der rote

Freibeuter seine Schelmenstreiche, fegt der zierliche Rehbock das werdende Gehörn, probt die lustige Vogelschar ihre Stimmen zum großen Frühlingskonzert. Zwischen Wald und Wald ist dabei freilich ein großer Unterschied. Hirsch und Reh fühlen sich nicht heimisch in einem Wald, der des Unterholzes entbehrt, keine Wiesen umschließt, nicht von Feldflächen begrenzt wird. Das Tier hat eben nicht nur *Wohnraum* nötig, sondern auch *Ernährungsraum*, und erst die möglichst glückliche Vereinigung beider verbürgt ihm ein gesichertes Dasein. Je mehr der Mensch den Wald in Betrieb genommen und ihn zum regelrecht bewirtschafteten Forst umgewandelt hat, desto ärmer wird dieser an größeren Säugetieren und Vögeln sein. Bär und Wolf, Wisent und Elch, Luchs und Biber, Adler und Uhu, Schwarzstorch und Kolkrabe – sie alle sind aus unseren nur allzu zahm gewordenen Ländern entweder schon verschwunden oder in winzigen Restbeständen in die entlegensten Winkel zurückgedrängt und dem Aussterben nahe gebracht worden, während sich dafür das vielartige Mäusegezücht breit macht und das böse Heer der waldvernichtenden Kerfe. Dies ist die zweite und ungleich gefährlichere Tat, durch die der Mensch verändernd in das große Gesamtbild des Naturganzen eingegriffen hat. Als größtes und unersättlichstes Raubtier der Welt reißt er hier in kurzsichtiger Habgier Lücken, die sich nie wieder schließen lassen. Reicher als die Säugetiere sind im deutschen Walde die Vögel vertreten, und sie fallen auch mehr auf, weil sie sich nicht so ängstlich dem Auge des Menschen entziehen.

Abb. 2. Biotope und Lebensgemeinschaften
I. Afrikanische Steppe mit Giraffe, Strauß, Kudu, Gnu, Gabelantilope, Zebra, Löwe, Sekretär,
II. Sandwüste mit Geier, Wüstenfuchs, Dornschwanz, Sandflughuhn, Springmaus, Skink, Knackerlerche,
III. Südamerik. Urwald mit Jaguar, Brüllaffe, Spinnenaffe, Harpyie, Arara, Hokkohuhn, Pfefferfresser, Faultier, Quesal, Kolibri,
IV. Polargebiet mit Walroß, Moschusochse, Eisbär, Renntier, Alk, Eisfuchs.

Mag unser Wald in gewissem Sinne auch tierarm sein, so stellt er doch wohl das Schönste dar, das die Natur auf dem weiten Erdball geschaffen, eine abgerundete, durch keinerlei Schroffheiten verzerrte Lebensgemeinschaft in höchster Vollendung (Abb. 2)!

Die Tiergeographie

Jedes Tier füllt einen bestimmten Lebenskreis aus, übt eine ihm zukommende Verrichtung, aber Heimat und Tätigkeit stehen ausnahmslos im genauen Einklang mit seiner Gestaltung, die ihm sozusagen Wohnort und Beruf zuweist. Edelmarder und Fischotter sind zweifellos nach demselben Plane gebaut, aber prachtvoll ist der eine dem Leben in den Baumwipfeln, der andere dem im Wasser angepaßt. Jedes Tier klebt ja an der ihm zugewiesenen Scholle, sei es auch so beweglich wie die Schwalbe, so flüchtig wie die Gazelle. Die *Verbreitung der Tiere* sowie ihr *Vorkommen an gewissen Örtlichkeiten* darf deshalb keineswegs als zufällig angesehen werden, sondern beides regelt sich nach ganz bestimmten, bisher erst zum kleinsten Teil näher erforschten Gesetzen. Man bezeichnet dieses Wissensgebiet als *Tiergeographie*. Dem Laien wird diese Wissenschaft zunächst als eine recht einfache Sache erscheinen, mit der eingehender sich zu beschäftigen eigentlich kaum der Mühe lohnt. Nun, wird er sagen, daß in Afrika Löwen brüllen und Zebras weiden, daß im indischen Dschungel der tückische Tiger raubt und im kalten Sibirien der schönpelzige Zobel, daß in Australien Känguruhs hüpfen und Schnabeltiere Eier legen, daß im südamerikanischen Urwalde Brüllaffen heulen und Kolibris herumschwirren, daß es nur am Nordpol Walrosse und Eisbären gibt –, das weiß doch jeder halbwegs gebildete Mensch; das sind längst festgestellte Tatsachen. Derselbe Laie würde aber wahrscheinlich schon ziemlich erstaunt sein, wenn wir ihm verraten, daß der Tiger auch im rauhesten Teile Sibiriens recht vergnüglich lebt, daß Affen im Himalaja sich im Schnee wälzen, daß Kolibris auch auf den höchsten Kämmen der Anden als unmittelbare Nachbarn des Kondors anzutreffen sind, daß argentinische Papageien sich lustig bei Schneegestöber tummeln. Hoch oben im Stromgebiete des Amazonas kommt im Mamoré ein Stachelrochen vor, ein Fisch, den sich der Laie nur als Meeresbewohner vorstellen kann. Daß der Haifisch im Ganges und Tigris weit landeinwärts geht, dürfte manchem bekannt sein, daß er aber auch – und zwar ein Menschenhai – nach Scholber im Nikaraguasee vorkommt, also in einem heute vom Meere aus für einen Fisch unzugänglichen Süßwassersee, werden wohl nur die allerwenigsten unserer Leser wissen. Und ob sich wohl viele darüber klar sind, daß und warum

Tier- und Pflanzenwelt im Kaspi- und Aralsee teilweise Meeresgepräge haben, noch mehr im Tanganjikasee? Quallen im Tanganjikasee! Robben nicht nur im Kaspi- und Aral-, sondern auch im Onega- und Ladogasee! Robben selbst im warmen Mittelmeer an der dalmatinischen Küste! Krokodile im Zerka, einem Nebenflusse des Jordan! Um auch noch einige bekanntere, aber deshalb nicht minder auffallende Beispiele anzuführen: Affen in Europa – bei Gibraltar, Tiger in Europa – bei Lankoran, die nordafrikanische Ginsterkatze in den Vogesen! Diese kurzen Andeutungen genügen wohl schon, um zu zeigen, wieviele und nicht immer leichte Rätsel auf diesem Gebiete zu lösen sind.

Die Tiergeographie soll uns also über die heutige Verbreitung der Tiere belehren; sie soll nach Möglichkeit auch eine stichhaltige Begründung und Erklärung dafür geben. Wenn nun auch diese Wissenschaft viel jünger ist als die Pflanzengeographie und überdies viel schwieriger, da die Tiere nicht wie die Pflanzen am Boden haften, sondern sich selbständig fortbewegen, so hat sie doch in überraschend kurzer Zeit gewaltige Fortschritte erzielt, weil sie es verstand, sich rasch von ursprünglicher Einseitigkeit frei zu machen. Anfangs betrieb man diesen Wissenszweig nur von faunistischer Grundlage aus, d. h., man stellte die Tierwelt bestimmter Gebiete zunächst für sich zusammen, dann vergleichend anderen gegenüber, suchte daraus Schlüsse zu ziehen und kam so zur Abgrenzung bestimmter *Regionen* und *Subregionen*. Das war das Zeitalter der Tierkunde, in dem überall kühne Forschungsreisende hinauszogen in die weite Welt, um möglichst umfangreiche Sammlungen mit recht viel Seltenheiten und neu entdeckten Arten zusammenzubringen und in die Heimat zu schicken. Hier saßen die Museumsgelehrten, trugen alles fein säuberlich ein und errichteten auf Grund der Tausende von Bälgen, Fellen, Schädeln und Spiritusstücken ein *tiergeographisches Lehrgebäude*, das nur den einen Fehler hatte, daß ihm die Fenster fehlten zum Ausblick in die freie Natur. Über dem toten Tier vergaß man das Leben, später auch über der Vergangenheit die Gegenwart. Hätte man von Anfang an ebenso fleißig beobachtet wie gesammelt, hätte man die Lebensweise und die Wohnorte der Tiere ebenso genau ergründet wie ihre Verbreitung – der Wissenschaft wäre mancher Trugschluß erspart geblieben. Schon sehr bald kam man aber dahinter, daß bei den gegenwärtigen Faunen höchst auffallende und merkwürdige Erscheinungen zutage treten, die sich durch tiergeographische Betrachtungen allein nicht erklären ließen. Man wollte Auskunft haben auch über das »Woher« und »Warum«, und da blieb nichts übrig, als noch eine andere Wissenschaft zu Hilfe zu rufen, nämlich die Versteinerungskunde. So kam man auf die *geologische Tiergeographie*. Das war ein gewaltiger Fortschritt und eine ungeheure Gefahr zugleich. Warum gibt es nur in Australien Beuteltiere in verblüffender Entfaltung und sonst solche nur noch vereinzelt in Südamerika? Warum hat dieses so wenig Huftiere und Madagaskar keine einzige Antilopenart, obgleich das nahe Südafrika so überreich an solchen ist? Warum gibt es die großen Menschenaffen nur in Westafrika und dann erst wieder in weltweiter Ferne in Insulinde? Warum leben auf der weiten Inselflur Polynesiens zwar Warane, Skinke und Geckos, aber nicht eine einzige Schlangenart? Das alles waren Fragen, die zunächst jeder Lösung zu spotten schienen. Aber wie Schuppen fiel es den Forschern von den Augen, als man mit Hilfe der Erdschichtenkunde den Ursprung und die frühere Verbreitung der verschiedenen Tiergruppen näher studieren konnte. Da fand man z. B. bald, daß die Beuteltiere einen uralten Säugetierstamm darstellen, der in früheren Zeitaltern bedeutend weiter verbreitet war, sogar in Europa, der aber dem Mitbewerb der sich entwickelnden höheren Tierformen nicht standhalten konnte, sondern von ihnen verdrängt wurde und nur in Australien die Herrschaft behielt, weil dieses zur Insel wurde, ehe die höheren Säuger von der Alten Welt aus dort einwandern konnten. Da es im fünften Erdteil überdies an natürlichen Feinden fehlte, hatten die Beutler dort auch keine Veranlassung, sich höher zu entwickeln. Sie blieben auf ihrem primitiven Standpunkt stehen, verzweigten sich aber in eine große Reihe parallel verlaufender Gattungen, die die verschiedenen Wohnungsgelegenheiten des Landes bevölkerten und sich ihnen in Körperbeschaffenheit, Nahrung und Lebensweise weitgehend anpaßten, damit die Familien der anderen Säugetiere fast restlos vertretend. Eine ganze Menge ähnlicher Fragen ließ sich auf entsprechende Weise beantworten, wenn man nur die in den einzelnen Erdschichten hinterlassenen Reste ausgestorbener Tiergeschlechter zu deuten wußte und sich immer vor Augen hielt, welch gewaltige Veränderungen die Erdoberfläche seitdem durchgemacht hat. Ganze Erdteile sind ja bis auf geringe Inselreste im Meere versunken, andere zerrissen worden oder durch neu auftauchende Landbrücken verbunden, neue Gebirgsschranken erhoben sich, und andere wurden abgetragen, Steppen wurden zu Wüsten, und Waldgebiete zu Steppen, kurz, wir können uns die ganze Erdrinde in beständiger Bewegung vorstellen, wenn unsere Einbildungskraft stark genug ist, Jahrmillionen auf Sekunden zusammenzudrängen. Selbstverständlich mußten solche Vorkommnisse vom stärksten Einfluß auf die Verbreitung und Verteilung der Tierwelt sein, aber die *geschichtliche Tiergeographie*, wie sie namentlich durch den genialen *Wallace* vertreten und zur fast ausschließlich maßgebenden Richtung erhoben wurde, beging den großen Fehler, nun *alles* auf diesem Wege erklären zu wollen. Es trat ein förmlicher Wetteifer ein, durch immer gewagtere Voraussetzungen immer verblüffendere Ergebnisse erzielen zu wollen, und so geriet man immer mehr in Sackgassen und Irrgänge, während trotz alledem noch ein großer Rest von gegenwärtigen Tatsachen zurückblieb, die sich nicht erklären lassen wollen. Da die Kosmos-Leser mit der geschichtlichen Tiergeographie schon durch das Bölsche-Bändchen »Tierwanderungen in der Urwelt« (1914) vertraut sind, brauche ich auf diesen Wissenszweig und seine Errungenschaften nicht näher einzugehen. Ich werde mich deshalb im wesentlichen auf den jüngsten Zweig der Tiergeographie beschränken, nämlich auf das *Verhältnis der Tiere zu ihrer Umwelt* (ökologische Tiergeographie).[1]

Es ist das Verdienst deutscher Forscher (Schmarda, Hesse, Dahl), diese vielversprechende Richtung gewiesen zu haben. Sie will die Tierwelt unter dem Einflusse ihrer belebten und unbelebten Umwelt betrachten, will sich mit den äußeren Anpassungen des Tieres an Klima, Nahrung, Boden, Lebensgemeinschaften, Artgenossen, Feinde usw. befassen, will letzten Endes die Erscheinungen aufzuhellen versuchen, die wir seit Darwins Auftreten als »Kampf ums Dasein« zu bezeichnen gewöhnt sind, obwohl der Tiergeograph eigentlich richtiger von einem »*Kampf um den Raum*« sprechen würde. Die besondere Beschaffenheit jeder einzelnen Tierform muß ja in innigster Wechselbeziehung zu der Verschiedenheit seiner jeweiligen Umwelt stehen, muß sich mit ihr in der Übereinstimmung befinden, die uns als »Schönheit« in der Natur erscheint. Diese Wech-

---

[1] Von dem griechischen oikos, Heim, Umwelt.

selwirkungen aufzuklären, ist wahrlich ein dankbares und lohnendes Forschungsgebiet. Welch wertvolle wissenschaftliche Feststellungen sich hier schon beim ersten Anlaufe erreichen lassen, zeigen die Arbeiten von Hesse, Dahl, Merriam, Bergmann und anderen. Aber selbst diese neuzeitlichen Forscher gehen wohl noch zu einseitig vor. Sie beschäftigen sich fast ausschließlich mit den äußeren Umweltsverhältnissen, die auf das Tier einwirken und dieses so zum willenlosen Spielball rein physikalischer Bedingungen machen, während in Wirklichkeit die Natur sich niemals mechanisieren läßt. Das Tier läßt sich nicht blindlings verschieben, sondern wehrt sich gegen ein ihm unliebes Versetztwerden, und zwar jedes nach seiner Art, die oft von der der nächsten Verwandten schon ganz verschieden ist. Deshalb verbietet sich auch jedes Verallgemeinern, wenn wir auch einige Grundgesetze aufstellen und ableiten können. Die Tiere lassen sich zwar durch von außen wirkende Kräfte und Lebensbedingungen in ihrer Verbreitung regeln, aber nur bis zu einem gewissen Grade, soweit es den ihnen innewohnenden Kräften und Eigentümlichkeiten genehm ist. Diese innere Kraft, die in ununterbrochenem Kampfe mit den äußeren Einflüssen liegt, sträubt sich gegen die Launenhaftigkeit müßig spielender Umweltsverhältnisse und läßt nicht blind mit sich spielen. Werden z. B. gewisse niedere Tiere auf einen neuen Wohnplatz übertragen, so mögen dessen Lebensverhältnisse nach menschlicher Kenntnis vielleicht sehr geeignet erscheinen, aber sie gefallen dem Tier trotzdem nicht, es spielt einfach nicht mehr mit, schaltet sich freiwillig aus, kapselt sich trotzig ein und verharrt in diesem Dauerzustände scheinbar leblos so lange, bis die Verhältnisse sich so weit geändert haben, daß sie ihm wirklich behagen, worauf es von neuem in das große Mosaikbild des bewegten Lebens eintritt. Ähnlich verfahren alle Schmarotzer, die im Kreislauf ihres vielgestaltigen Daseins auf verschiedene Wirte angewiesen sind. Man denke z. B. an die Trichine! Dies führt uns gleich darauf, daß die Tiere auf ihren verschiedenen Entwicklungsstufen den Einflüssen der Umwelt gegenüber sich oft ganz verschieden verhalten und daß auch dadurch ihrer Verbreitung mitunter sehr scharfe Grenzen gezogen sind. So kommen alljährlich südeuropäische Schwärmer-Arten, die ja vorzügliche Flieger sind, nach Mitteleuropa und gelegentlich selbst bis nach Rußland und führen hier den Sommer über ein ganz vergnügliches Dasein, aber die ihren Eiern entschlüpfenden Raupen vermögen sich in unserem Klima nicht zu halten, so daß von einer dauernden Einbürgerung nicht die Rede sein kann. Auch die Raupe des Totenkopfs liefert nur in klimatisch besonders bevorzugten Gegenden Deutschlands den großen Falter, scheint aber in fortschreitender Anpassung an unsere Verhältnisse begriffen zu sein. Bei einer Gattung der Schlangensterne (Amphiura) hat man festgestellt, daß bei Verminderung des Salzgehaltes im Meerwasser zwar die Tiere selbst ganz gut zu leben vermögen, dagegen ihre Samenfäden erstarren, also zur Fortpflanzung untauglich werden. Eine ähnliche Erfahrung mußte unbewußt der alte Blücher machen, der nicht nur ein tapferer Haudegen war, sondern auch gern einen Leckerbissen aß und deshalb die schmackhafte Auster in der Ostsee ansiedeln wollte; alle seine Versuche scheiterten, da die Schalentiere zwar leben blieben, sich jedoch nicht vermehrten. Im Oslo-Fjord erscheinen alljährlich im Mai und Juni unzählige Seepocken, erreichen hier ihre nördlichste Verbreitungsgrenze und werden bei ihrem massenhaften Auftreten geradezu zu Kenntieren, sterben aber ausnahmslos ab, wenn im November und Dezember die richtige Winterkälte einsetzt, so daß in jedem Frühjahr eine Neueinwanderung in Larvenform stattfinden muß. Man ersieht schon aus diesen wenigen Beispielen, wie sorgsam der Tiergeograph die Lebensschicksale der verschiedenen Tierarten bis in die feinsten Einzelheiten hinein verfolgen muß, wenn er nicht zu Trugschlüssen kommen soll.

Daraus erhellt schon, daß die *Biologie* eine unerläßliche Hilfswissenschaft für unsere Zwecke ist. Eine zweite ist die *Systematik*, wie sie sich ja neuerdings namentlich auf dem Gebiete, der Vogelkunde zu ungeahnter Höhe entwickelt und dabei überraschend neue Ausblicke eröffnet hat. Man ist von dem starren, gekünstelten Artbegriff Linnés abgekommen und hat sich für den natürlichen und flüssigen Begriff des »Formenkreises« entschieden. Jeder Formenkreis zerfällt in eine Anzahl von »Rassen«, die wenigstens dem geschärften Auge des Kundigen deutlich als solche erkennbar sind und sich gegenseitig geographisch vertreten, also fast nie im gleichen Gebiete vorkommen. In diesen Rassen (**conspecies**), die sich in den Grenzbezirken miteinander vermischen und fruchtbare Bastarde erzeugen können, während die in freier Natur sehr seltenen Mischlinge der Arten (**species**) in der Regel unfruchtbar sind, kommt der Einfluß der Umwelt in der schärfsten und feinsten Weise zum Ausdruck.

Die dadurch bewirkten Sondereigenschaften erben sich von Geschlecht zu Geschlecht fort. Das allmähliche Bekanntwerden mit diesen Verhältnissen hat dann auch zur Einführung der dreifachen Namengebung (trinäre Nomenklatur) in die zoologische Wissenschaft geführt, weil man notgedrungen schließlich auch für die Rassen bestimmte Namen haben mußte. Wenn es also z. B. für den mitteleuropäischen Zaunkönig jetzt heißt Troglodytes parvulus europaeus, so bezeichnet der erste Name die Gattung, der zweite den Formenkreis oder die Art, der dritte die Rasse. Dies ist notwendig, weil es außer der mitteleuropäischen Zaunkönigsrasse noch eine ganze Reihe anderer gibt, so z. B. die Form zetlandicus von den sturmumbrausten Shetlandsinseln, islandicus aus Island, borealis von den Faröern, hirtensis von der Insel St. Kilda, cypriotes von Zypern, kabylorum vom Atlas, pallidus aus Transkaspien, hyrcanus aus Persien, tibetanus aus Tibet, idius aus China, peninsulae aus Korea, fumigatus und ogawae von den japanischen Inseln usw. Wir lernen aus diesem Beispiele gleich noch zweierlei, nämlich erstens, daß die nicht wandernden Standvögel, die ja das ganze Jahr hindurch unverändert den Einflüssen ihres Wohnortes ausgesetzt sind, viel mehr zu Abänderungen, also zur Rassenbildung neigen als die Zugvögel, und zweitens, daß Inseln die Rassenbildung stark begünstigen.

Tiergebiete

Die Tiergeographie hat im Laufe der Zeit eine derartige Unmenge von mehr oder minder wichtigen Tatsachen zusammengetragen, daß jeder Überblick über dieses Chaos verloren zu gehen drohte. Man hat deshalb schon sehr früh angefangen, die ganze Erdoberfläche der besseren Übersicht halber in eine Anzahl von *Tiergebieten* (Regionen) aufzuteilen, die einander nach Umfang und Tierbevölkerung annähernd gleichwertig und durch eine in sich möglichst abgeschlossene und an eigenen Formen reiche Tierwelt gekennzeichnet sein sollten. Die ältesten Versuche dieser Art waren unvollkommen genug, denn sie setzten das Tiergebiet nahezu dem geographischen Erdteil gleich oder schmiegten sich sklavisch den Isothermen (Verbindungslinien der Orte mit gleicher Wärme) an. Die erste brauchbare Einteilung, die allen späteren diesbezüglichen Arbeiten zur Grundlage diente, gab *Wallace* in engem Anschluß an die ornithologischen Feststellungen seines vogelkundigen Freundes Sclater. Hier ist sie:

I. *Die paläarktische (altarktische) Region* (Europa, das gemäßigte Asien, Nordafrika bis zum Atlas).

1. Die europäische Unterregion (Nord- und Mitteleuropa).

2. Die mittelmeerländische Unterregion (Südeuropa, Nordafrika, Vorderasien).

3. Die sibirische Unterregion (Nord- und Mittelasien).

4. Die mandschurische Unterregion (Nordchina, Amurtal, Japan).

II. *Die äthiopische Region* (Afrika südlich vom Atlas, Madagaskar, Maskarenen, Südarabien).

5. Die westafrikanische Unterregion (das üppige Waldgebiet des tropischen Westafrika).

6. Die ostafrikanische Unterregion (das Steppengebiet des tropischen Ostafrika).

7. Die südafrikanische Unterregion.

8. Die madagassische Unterregion (Madagaskar nebst den benachbarten Inseln einschließlich der Seychellen. Dieses Gebiet weist so viele und tiefgreifende Eigenheiten auf, daß eigentlich nur seine Kleinheit Wallace abhielt, es zu einer eigenen Region zu erheben.

III. *Die orientalische Region* (Vorder- und Hinterindien, Südchina, die malaiischen Inseln einschließlich Borneo, Philippinen, Formosa und Riu-Kiu-Inseln).

9. Die indische Unterregion Mittel-Indien).

10. Die ceylonesische Unterregion (Südindien und Ceylon).

11. Die indochinesische Unterregion (Südchina und Burma).

12. Die indo-malaiische Unterregion (Malakka und die malaiischen Inseln samt Borneo und den Philippinen).

IV. *Die australische Region* (Australien mit seiner Inselwelt).

13. Die australisch-malaiische Unterregion (Inselwelt von Celebes bis zu den Salomon-Inseln).

14. Die australische Unterregion (das australische Festland mit der Insel Tasmania).

15. Die polynesische Unterregion (Tropische Inselgruppen des Stillen Ozeans).

16. Die neuseeländische Unterregion (Neuseeland mit den benachbarten Inseln). Gleich Madagaskar weist auch dieses Gebiet eine große Selbständigkeit auf.

V. *Die neotropische (neutropische) Region* (Süd- und Mittelamerika, Antillen, tropisches Nordamerika).

17. Die brasilianische Unterregion (Südamerikanisches Waldgebiet östlich der Anden einschließlich Trinidad).

18. Die chilenische Unterregion (das meist kahle Südamerika westlich der Anden).

19. Die antillische Unterregion (Westindische Inseln).

20. Die mexikanische Unterregion (Mittelamerika, Mexiko).

VI. *Die nearktische (neuarktische) Region* (gemäßigtes Nordamerika nebst Grönland. Die arktischen Gebiete jenseits der Baumgrenze bilden ein Übergangsgebiet zur paläarktischen Region).

21. Die kalifornische Unterregion.

22. Die Felsengebirgs-Unterregion.

23. Die alleghanische Unterregion (der ganze östliche Teil der Vereinigten Staaten, ein altes Waldgebiet).

24. Die kanadische Unterregion (der nördliche Teil des Kontinents).

Man hat dann später viel herumgebessert, aber auch »verbösert« an dieser Walleseschen Einteilung, namentlich seit man sich zu einseitig auf den erdgeschichtlichen Standpunkt einstellte und alles von diesem aus erklären wollte. Allerdings sind die Tiere, deren versteinerte Reste man irgendwo findet, im allgemeinen mit denen verwandt, die auch heute noch dort leben, aber dies ist keineswegs durchgehends der Fall. In Wirklichkeit ist die Wallacesche Einteilung z. B. für die Vögel auch heute noch sehr gut brauchbar, wenn man sie durch einige kleine Abänderungen dem heutigen Standpunkte der Vogelkunde anpaßt, jedenfalls sehr viel besser als die oft recht gekünstelten Versuche seiner meisten Nachfolger. Vor allem muß man sich immer bewußt bleiben, daß die Aufstellung von Tiergebieten ja gar nicht der Endzweck der Tiergeographie ist, sondern nur ein Hilfsmittel zur leichteren Erreichung dieses Zwecks. Weiter stellte es sich sehr bald heraus, daß es unmöglich ist, eine

Einteilung in Tiergebiete zu schaffen, die für alle Ordnungen des Tierreiches in gleichem Maße Geltung haben könnte. Dazu ist schon deren erdgeschichtliches Alter viel zu verschieden, denn z. B. Säugetiere und Vögel finden wir erst im Tertiär, Krebse und Skorpione aber schon in weitaus älteren Erdschichten. Es wird also am besten sein, sich an eine ganz bestimmte Tierordnung zu halten, ohne allzu viele und übertrieben ängstliche Rücksicht auf die anderen zu nehmen, und zwar an die Ordnung, die für den gedachten Zweck am geeignetsten ist. Wallace und Sclater hielten sich hauptsächlich an die Vögel, die gewiß in vieler Beziehung sehr gut passen, aber allzu bewegungsfähig sind, weil gewisse Verbreitungsschranken für sie als Flugtiere keine Rolle spielen und weil viele von ihnen durch ausgedehnte Wanderungen den ursprünglichen Verbreitungsherd leicht verwischen. Kriechtiere und Lurche haben auch ihre Bedenken, obgleich sie in Einzelheiten oft sehr hübsche Aufschlüsse geben. Die Fische können nicht in Betracht kommen, weil sie aufs Wasser beschränkt sind; Kerfe und Schnecken erscheinen nicht recht geeignet, weil ihre Verbreitung zu sehr von allerlei Zufälligkeiten abhängt. Bleiben also die Säugetiere. Sie vereinigen in der Tat alles in sich, was wir für unsere Zwecke brauchen. Sie sind im allgemeinen gut erforscht, sie haben im Laufe der Erdgeschichte noch keine allzu großen Umformungen und Umwälzungen erlitten und haben deutliche Spuren ihrer ausgestorbenen Geschlechter in der obersten Erdrinde zurückgelassen. Sie sind in ihrer Verbreitungsfähigkeit beschränkt und vermögen insbesondere breitere Meeresarme nicht zu überwinden, sie sind in hohem Maße von der Beschaffenheit des Geländes und von seiner Pflanzendecke abhängig, und sie richten sich in Größe, Form und Farbe stark nach äußerlichen Einflüssen. Die neueren Tiergeographen haben aus den oben angedeuteten Gründen fast durchgängig die Säugetiere an den Ausgangspunkt ihrer Betrachtungen gestellt, und zwar mit vollem Recht, bis in jüngster Zeit, als man mehr Wert auf die ökologische Betrachtungsweise zu legen begann, auch die Vögel wieder mehr in den Vordergrund traten. Von den zahllosen neuen Einteilungsversuchen gefällt mir am besten der von Dahl.

Er lautet:

I. *Arktogäisches (altländisches) Reich.* Kenntiere: Maulwurf, Biber, Springmaus, Rauhfußhuhn, Seetaucher, Alk, Laubfrosch, Schwanzlurche, Honigsauger.

1. Arktische Provinz. Kenntiere: Renntier, Vielfraß, Moschusochse, Lemming, Eisfuchs, Schneehase.

2. Europäisch-mediterrane Provinz. Kenntiere: Haselmaus, Gemse, Birkhuhn, Blindschleiche, Kreuzotter, Salamander.

3. Ostasiatische Provinz. Kenntiere: Eine eigene Bärengattung (Ailuropus), Schwanzgimpel, Riesensalamander.

4. Sonorische oder Nordamerikanische Provinz. Kenntiere: Waschbär, Biberhörnchen, Taschenratte, Gabelantilope, Truthahn, Glasschleiche.

II. *Äthiopisches Reich.* Kenntiere: Hyäne, Klippschiefer, Nilpferd, Giraffe, Strauß, Perlhuhn, Madenhacker, Mäusevogel, Bananenfresser, Korallenotter, Puffotter.

5. Westafrikanische Provinz. Kenntiere: Schimpanse, Gorilla, Okapi, Graupapagei.

6. Südafrikanische Provinz. Kenntiere: Fuchsmanguste, Goldmull, Springhase, Kragenhopf.

7. Ostafrikanische Provinz. Kenntiere: Mantelpavian, Schuhschnabel, Kranichgeier, Frankoline.

8. Madagassische Provinz. Kenntiere: Fingertier, Makis, Borstenigel.

III. *Indo-Australisches Reich.* Kenntiere: Pelzflatterer, Spitzhörnchen, Rachenvogel, Emu, Kasuar, Paradiesvogel.

9. Indische Provinz. Kenntiere: Bartaffe, Nilgau, Hirschziegenantilope.

10. Malaiische Provinz. Kenntiere: Orang-Utan, Gibbon, Palmenroller, Zwerghörnchen, Stinkdachs.

11. Papuanische Provinz. Kenntiere: Großfußhuhn, Paradiesvogel, Laubenvogel, Kronentaube.

12. Neuholländische Provinz. Kenntiere: Känguruh, Emu, Leierschwanz, Schnabeltier, Moloch, Stutzechse, Kragenechse.

13. Neuseeländische Provinz. Kenntiere: Schnepfenstrauß, Eulenpapagei, Nestorpapagei, Brückenechse.

14. Polynesische Provinz. Kenntiere: Flughundgattung Notopterus, Rallenkranich.

15. Hawaiische Provinz. Kenntiere: Eigenartige Vögel.

IV. *Neogäisches (neuländisches) Reich.* Kenntiere: Vampir, breitnasiger Affe, Aguti, Meerschweinchen, Ameisenbär, Gürteltier, Faultier, Nandu, Steißhuhn, Kolibri, Pfefferfresser, Zuckervogel, Glanzvogel, Leguan.

16. Mittelamerikanische Provinz. Kenntiere: Mehrere eigentümliche Gattungen von Mäusen und Taschenratten.

17. Antillen-Provinz. Kenntiere: **Solenodon** aus der Gruppe der Kerfjäger, Plattschnäbler.

18. Brasilianische Provinz. Kenntiere: Baumstachler, Aguti, Gürteltier, Arara.

19. Chilenische Provinz. Kenntiere: Chinchilla, Viscacha, Lama, Kondor, Pflanzenmäher.

Aufmerksame Leser werden bei dieser Einteilung die Antarktis vermissen, aber Dahl betrachtet diese mit Recht als überhaupt nicht mehr zur Landfauna gehörig, sondern rechnet sie schon zur Meeresfauna, zumal die wenigen dort vorhandenen Säuger und Vögel – vor allen die putzigen Pinguine – ihr ganzes Leben im Meere verbringen und nur zum Fortpflanzungsgeschäft an Land gehen. Ein entschiedener Nachteil der Dahlschen Einteilung ist es aber, daß die einzelnen tiergeographischen »Provinzen« so überaus ungleichwertig sind. So wird z. B. den Sandwichinseln (Hawaiische Provinz), obgleich sie kaum 17 000 qkm umfassen und nur ein einziges alteingesessenes Säugetier in Gestalt einer Fledermaus amerikanischer Herkunft besitzen, derselbe Rang eingeräumt wie so tierreichen und ausgedehnten Landstrecken in Nordamerika oder Westafrika! Für die Vögel gefällt mir die alte Wallacesche Einteilung eigentlich immer noch besser, wenn auch die Dahlsche für die Tierkunde im allgemeinen vorzuziehen sein mag.

Die Verbreitungsschranken

Auf der Erdoberfläche hat die Natur gewaltige Hindernisse aufgetürmt, die einer ungemessenen Verbreitung ihrer Geschöpfe Schranken entgegenstellen. Deshalb gibt es nur wenige Tiere, die nahezu über die ganze Erde verbreitet sind, hauptsächlich niedrigstehende Bewohner des Süßwassers. Aber auch die im Gefolge des Menschen einen Siegeszug um die Erde vollführenden Ratten und Mäuse gehören dazu, und selbst der stolze Fischadler und die wetterfeste Sumpfohreule werden in den verschiedensten Erdteilen gefunden, ohne doch wesentlich abzuändern. Jede gesunde Tierart, die dem Kampfe um Raum und Nahrung gut gewachsen ist, wird das naturgegebene Bestreben haben, ihren Verbreitungsbezirk mit allen verfügbaren Mitteln nach Möglichkeit auszudehnen, bis sich ihr eben unüberschreitbare Schranken entgegenstellen und ein Zurückfluten oder eine Umbildung nötig machen. Die wirksamste dieser Verbreitungsschranken ist wohl das *Meer*. Für viele Tiere bildet schon ein schmaler Meeresarm ein unüberwindliches Hindernis, und wenn wir sie trotzdem in nahestehenden Arten in heute voneinander getrennten Landstrichen antreffen, so dürfen wir mit Sicherheit annehmen, daß früher zwischen diesen eine *Landbrücke* bestanden hat, auf der die Einwanderung erfolgte. Es hat einen eigenen und unwiderstehlichen Reiz, sich auf Grund der heutigen Tierwelt das Aussehen der Erde in früheren Zeiten wieder greifbar zu gestalten, nur dürfen wir dabei nie vergessen, daß sich dem Tiere schließlich doch noch hier und da ungeahnte Verbreitungsmöglichkeiten boten, bei denen nicht selten der Zufall eine Rolle spielte. Frösche und Salamander können sehr gut schwimmen, aber auf ihre nackte, dünne Haut wirkt das salzige Seewasser als furchtbares Gift, so daß sie niemals selbständig einen Meeresarm zu überwinden vermöchten. Wohl aber ist der Fall sehr gut denkbar, daß Froschlaich an den Schwimmhäuten durchziehender und rastender Entengeschwader kleben bleibt und von diesen auf ihrer Weiterreise über den hindernden Meeresarm hinweg in das Süßwasser des benachbarten Landes verschleppt wird und hier zur Entwicklung gelangt. Für die fluggewandten Vögel bilden kleinere und inselreiche Meere, wie es das mittelländische ist, kein wesentliches Hindernis, sondern werden selbst von schlechten Fliegern wie Wachteln auf ihren Wanderungen alljährlich zweimal überflogen; aber trotzdem stürmt kein Landvogel ziellos in den weiten Ozean hinaus, um sich eine neue Heimat zu suchen. Wohl werden z. B. nordamerikanische Vögel auf dem Zuge bisweilen durch widrige Winde nach der Alten Welt verschlagen und gelangen dann in einzelnen erschöpften Stücken bis an die englische Küste oder nach Helgoland. Von einer dauernden Ansiedlung dort ist aber keine Rede, sondern solche »Irrgäste« suchen baldmöglichst wieder Anschluß an Artgenossen und Rückkehr auf den richtigen Weg, falls sie nicht vorher zugrunde gehen. Eine höchst merkwürdige Tatsache ist es, daß die Geier, die doch zu den großartigsten aller Flieger gehören, über die schmale Meerenge von Malakka ebensowenig hinausgehen wie die Flughunde über den Meeresarm zwischen Madagaskar und Afrika. Noch auffälligere Verhältnisse fand ich auf den Kanarischen Inseln. Dort war z. B. der Aasgeier auf Teneriffa und Canaria eine ganz gewöhnliche Erscheinung, fehlte dagegen auf dem nahen Palma vollständig, obgleich die Überwindung des Zwischenraums ihn doch keinen anstrengenderen Flug kosten würde, als er ihn täglich auf der Nahrungssuche zurücklegt. Ist vielleicht der Feuchtigkeitsgehalt der Luft auf Palma diesem die Trockenheit liebenden Vogel schon zu groß und macht sich einem so luftempfindlichen Tier schon da unangenehm bemerkbar, wo die plumpen Sinne des Menschen noch gar keinen Unterschied empfinden? Oder ist ihm Palma zu waldig oder ist es zu klein, als daß es einem großen Aasfresser den nötigen Lebensunterhalt zu verbürgen vermöchte? Fleischfresser, deren Nahrung nicht so dicht gesät ist, bedürfen ja eines besonders großen Lebensraumes, und wir wissen, daß deshalb dem Tiger die Insel Bali gerade noch für seine Lebensbedürfnisse genügt, während er auf noch kleineren Eilanden fehlt. Ebenso fehlt der prachtvoll fliegende Gabelweih auf Palma ohne ersichtlichen Grund, während er doch zu den Rennvögeln von Teneriffa und Gran Canaria gehört. Umgekehrt ist die schmucke Alpenkrähe gerade auf Palma sehr häufig, wird dagegen auf keiner anderen Kanareninsel angetroffen, ja sogar Einbürgerungsversuche auf diesen sind vollständig gescheitert, da die Vögel nach kurzer Zeit zugrunde gingen, obgleich doch die Lebensverhältnisse wenigstens auf den mittleren und westlichen Inseln nach menschlicher Auffassung ganz dieselben sind: wiederum eines der vielen Rätsel, das die Vogelwelt der »Glücklichen Inseln« dem denkenden Forscher darbietet. Noch niemand hat einen wirklich stichhaltigen Grund für dieses absonderliche Verhalten sehr gut fliegender Vögel ausfindig machen können. Jedenfalls stellt das Meer auch für Vögel bis zu einem gewissen Grade eine Verbreitungsschranke dar.

In ungleich höherem Grade ist dies natürlich bei den Landsäugetieren der Fall, die deshalb mit Vorliebe als Beispiele herangezogen werden, wenn es gilt, frühere Landbrücken oder Isolierungen zu beweisen. Freilich sind viele von ihnen ganz tüchtige Schwimmer, aber mehr als etwa 7 km vermag sich doch kaum eines vom Festlande zu entfernen, und freiwillig schwimmen sie wohl niemals weit ins offene Meer hinaus. Ausnahmen bilden der schwimmgewandte Eisbär und das zu einem halben Amphibium gewordene Nilpferd, das sogar den Kanal zwischen Afrika und Madagaskar überwunden hatte und auf dieser großen Lemureninsel eine besondere Zwergform entwickelte, die heute allerdings wieder ausgestorben ist. Auch viele Schweinearten schwimmen vortrefflich und gern und überwinden so Wasserschranken leichter als die anderen Säuger. In den arktischen Meeren bildet das Wintereis Brücken, die gern von den Tieren benutzt werden. So ist es von dem pfiffigen Polarfuchs bekannt, daß er bei Treibeis mit großer Geschicklichkeit von Eisscholle zu Eisscholle springt und so schließlich auf einsame Klippen und Holme gelangt, die er sonst niemals erreichen könnte, wo ihm aber die zahlreich nistenden Seevögel den ganzen Sommer über einen reichlich gedeckten Tisch bieten und ihm dann nach Beendigung der Brutzeit das herbstliche Treibeis wiederum ein bequemes Verlassen seiner Sommerfrische ermöglicht. In kleinem Maßstabe habe ich ähnliches auf der Kurischen Nehrung beobachten können, wenn dort im Winter das Kurische Haff seiner ganzen Ausdehnung nach zufror. Dann fand ein reger Austausch zwischen den Wildbeständen der Nehrung und denen des litauischen Festlandes über die weite Eisfläche hinweg statt, besonders bei den dort noch vorkommenden Elchen, bei denen auf diese einfache Weise eine zu weit gehende Inzucht vermieden wurde. So mancher brave Elch ging freilich dabei im Frühjahr zwischen den berstenden Eisschollen auch zugrunde.

Außer dem Meer können auch schon breite *Flüsse* zu wirksamen Verbreitungsschranken werden, wie sich dies namentlich bei den Riesenströmen Südamerikas feststellen läßt, und zwar nicht etwa nur für das Kleingetier. Solche Stromschranken gewinnen noch an Einfluß, wenn sie durch kahle, baumlose Gegenden führen. Hat doch sogar das nicht umsonst seinen Namen führende Wasserschwein noch nicht von Uruguay aus das argentinische Ufer des an seiner Mündung allerdings 16 englische Meilen breiten La Plata gewinnen können, während der Jaguar diesen Strom ohne Besinnen durchschwimmt, wo in seinem mittleren Laufe die Ufer durch Waldkulissen bedeckt werden. Der gewaltige Amazonenstrom hat an seinem Nordufer vielfach eine ganz andere Tierwelt aufzuweisen als am Südufer, und dies gilt sogar für mancherlei Säugetiere und Vögel. Namentlich die wasserscheuen Affen schrecken vor einem Überschreiten dieser weiten Wasserfläche zurück, und unter den südamerikanischen Vögeln befinden sich ja viele, die recht mäßige Flieger sind und deshalb nur ungern den schützenden Wald verlassen, weil sie in freier Luft nur zu leicht eine Beute der flugkräftigen Raubvögel werden. Sie entschließen sich daher fast niemals zum Überfliegen des meilenbreiten Strombettes. Wenn sogar bei uns in Deutschland das Urstromtal der Elbe eine noch nicht ganz verwischte Grenze zwischen den Brutbezirken der grauen östlichen Nebelkrähe und der schwarzen westlichen Rabenkrähe bildet, so hat das natürlich andere Gründe, die in weit zurückliegenden Zeitaltern gesucht werden müssen. Deutlicher werden diese Stromschranken auch in Europa bei Säugetieren. So konnte das aus Osten vordringende Perlziesel noch nicht über den Dnjepr gelangen und wird warten müssen, bis einmal ein günstiger Zufall ein trächtiges Weibchen hinüberführt. Die *Wasserscheiden* benachbarter Stromgebiete bilden oft recht scharfe Grenzen zwischen verschiedenen Faunen, zumal wenn sie in verschiedene Meere münden. So haben wir im Rhein Stör und Lachs, in der Donau dagegen Sterlet und Huchen. Dieser fehlen Aal, Alse und Stichling völlig, aber dafür tritt eine ganze Reihe östlicher Fische auf, die den anderen Stromgebieten Deutschlands fremd sind. In Borneo beherbergt jedes Flußtal eine besondere Rasse des Orang-Utan, und ähnlich verhält es sich in vielen Flußtälern der Alpen mit manchen Laufkäfern und Schmetterlingen. Manchmal sind solche Grenzen geradezu haarscharf wie mit dem Messer abgeschnitten. Ich erlebte dies z. B. in Montenegro, wo man buchstäblich mit wenigen Schritten aus dem mediterranen Faunengebiet ins mitteleuropäische Waldgebiet gelangen kann.

Die endlose *Sandwüste* mit ihrer Wasserarmut, ihrer Pflanzenleere und ihrem unbarmherzigen Klima vermag die von ihr umrahmten Gebiete fast ebenso wirksam abzugrenzen, als es das Meer tun würde, das einst an ihrer Stelle rauschte. Wohl beherbergt auch die Wüste tierische Lebewesen, die zwar an Zahl gering, aber dafür mit so großartigen Anpassungserscheinungen an das schwere Leben in ihrer kargen Heimat ausgerüstet sind, daß sie für den Forscher zu den anziehendsten Erscheinungen gehören. Doch nur sie fühlen sich wohl zwischen den sonnendurchglühten Sanddünen, in denen die Kriechtiere die ausschlaggebende Rolle spielen. Unsere glücklichen Zugvögel überfliegen auch diese gefährliche Schranke und wandern z. T. durch die Sahara ins tropische Innerafrika oder gar bis ins gemäßigte Südafrika, aber die Lauftiere vermögen einen breiten Wüstengürtel nicht zu durchqueren. Jede größere Wüstenreise müßte ihnen einen qualvollen Tod bringen. Niemand kann sich vorstellen, daß etwa ein Laubfrosch auf dem Landwege die Pilgerfahrt von Suez nach Mekka macht oder daß ein Rudel Rehe durch die Wüste von Algerien zum Kongo gelangen würde. Wir rechnen die nordafrikanische Tierwelt mit vollem Recht zur paläarktischen, weil sie eben infolge Abtrennung durch die Sahara himmelweit verschieden ist von der des übrigen Afrika. Uralt ist diese unüberwindliche Schranke, denn sie bestand schon in früheren Zeiten in Form eines Meeres, wie die im Wüstensande vergrabenen Schalen von Seemuscheln beweisen, sowie ein noch heute in einem entlegenen See der Sahara lebender Fisch, der anderseits wieder im Golf von Guinea gefunden wird. Mit einer schmalen Unterbrechung durch das Niltal setzt sich dieser Wüstengürtel über die Landenge von Suez und Arabien hinweg fort bis tief nach Innerasien hinein, so auch die Tierwelt dieses Erdteils in zwei sehr verschiedene Gebiete spaltend, worauf er dann weiter östlich durch mächtige Gebirge in dieser Rolle abgelöst wird. Wenn wir in der Zusammensetzung der Tierwelt Mittel- und Südafrikas tiefgreifende Unterschiede vorfinden und allmähliche Übergänge vermissen, so erklärt sich dies dadurch, daß auch hier die Kalahari sich als trennender Wüstengürtel dazwischenschiebt. In der Wüste heißt das erste Erfordernis Durstfestigkeit oder eine derart gesteigerte Bewegungsfähigkeit, daß weit entfernte Tränkstellen täglich aufgesucht werden können, wie dies die Wüstenflughühner tun, die eines

Schlucks Wasser wegen stundenlang auf ihren spitzigen Schwingen in dichten Massen durch die Lüfte rasen.

Das *Tote Meer* führt seinen unheimlichen Namen nicht mit Unrecht, da in seinem hohen Salzgehalt (25 %) kein Lebewesen mehr zu bestehen vermag, ebensowenig wie in den von Schwefelwasserstoff erfüllten Tiefen des *Schwarzen Meeres*. Auch in sehr kohlensäurereichen oder übermäßig heißen *Quellen* ist alles Tierleben erstorben (die Grenze liegt etwa bei 51 °).

Zu schwer übersteigbaren Schranken können auch hohe, mit Schnee und Eis gepanzerte *Gebirgszüge* werden. Ähnlich wie die Wüsten besitzen auch sie ihre eigenartige, den Lebensbedingungen im rauhen Gebirge weitgehend angepaßte Tierwelt, werden auch sie zeitweise von den Zugvögeln überflogen, aber die Lauftiere der Ebene prallen vor den Gebirgsschranken zurück wie vor einem unübersteiglichen Wall. Das Hochgebirgsleben verlangt seiner eisigen Nächte und seiner feuchten Nebel wegen einen guten Wärmeschutz, seiner sparsamen Nahrung wegen große Anspruchslosigkeit, seiner steilen Hänge halber eine gewisse Kletterfähigkeit, seiner dünnen Luft wegen erhöhte Herztätigkeit, die bei vielen Tieren durch eine Vergrößerung des Herzmuskels erreicht wird. Ganz hohe Gebirge werden selbst von den meisten Vögeln auf ihrer Wanderung umgangen, oder es werden doch wenigstens zu ihrer Überschreitung die am tiefsten eingeschnittenen Pässe benutzt. Hamster und Ziesel haben zwar im Hochgebirge einen Vetter, das Murmeltier, aber sie selbst würden es nie wagen, eine solche Gebirgsschranke zu überschreiten, deren Lebensverhältnisse ihrer ganzen Natur aufs äußerste zuwider sind. Umgekehrt haben die echten Gebirgstiere einen ausgesprochenen Abscheu vor der Ebene, steigen zwar in der rauhesten Winterzeit in tiefere und geschütztere Lagen hinab, werden aber niemals durch Ebene und Kultursteppe zu einem anderen Hochgebirge wandern. Die Gemsen kommen bei Hungersnot in die obere Waldzone und in besiedelte Hochtäler, aber noch niemand hat einen Bartgams aus den Alpen durch die prangenden Weizenfelder Ungarns zum Balkan wandeln sehen. Der Alpenmauerläufer hüpft jeden Winter mit gelüfteten Rosenschwingen an den altersgrauen Türmen der schweizerischen Städte empor, der Bergpieper erscheint alljährlich am Bodensee und im milden Rheintal, aber sobald es die Schnee- und Eisverhältnisse im Berg auch nur einigermaßen gestatten, kehren sie doch sofort in ihre rauhe Heimat zurück.

Schroff aus der Ebene aufsteigende Gebirgszüge, die nicht mit anderen zusammenhängen, wirken auf die Tierwelt wie Inseln, also isolierend, die Arten aufsplitternd und neue Formen bildend. Streichen die Gebirgszüge im allgemeinen von West nach Ost, fallen sie also mehr oder minder mit den Klimascheiden zusammen, wie das bei der Mehrzahl der eurasischen Hochgebirge der Fall ist (Pyrenäen, Alpen, Balkan, Kaukasus, Himalaja usw.), so tritt ihre tiergeographische Bedeutung aufs schärfste hervor. Selbst der stumpfeste Spießbürger empfindet es, daß er in eine ganz andere Welt kommt, wenn er im Schnellzuge den Gotthardtunnel durchfahren hat. Aus dem rauhen, trüben Norden in den warmen, farbenfrohen Süden! Schon auf den beiderseitigen Hängen solcher Gebirge selbst ist die Tierwelt grundverschieden, namentlich im Himalaja, wo ja verschiedene Tierverbreitungsgebiete zusammenstoßen. Nichts Eigentümlicheres als die Säugerfauna in dem von allen Seiten durch schwer ersteigbare Bergeshänge eingerahmten Hochlande von Tibet! In Höhen von 3600 Metern gibt es hier überraschenderweise noch 46 Säugetierarten, und nicht weniger als 30 von ihnen kommen nirgends sonst auf der Welt vor. Wie artzersplitternd die Gebirge wirken, das sieht man recht deutlich an den Steinböcken, denn eigentlich jeder Gebirgszug, der überhaupt den Ansprüchen dieser genäschigen Sprung- und Kletterkünstler zu genügen vermag, hat auch eine eigene Form dieses stolzen Edelwildes aufzuweisen. Es sind freilich keine Arten im Linnéschen Sinne, sondern nur einander sehr ähnliche geographische Rassen, die der Weidmann fast nur nach der verschiedenen Form und Stärke des Gehörns zu unterscheiden vermag. Weiter bilden die Gebirge häufig die letzte Zufluchtsstätte für solche Tiere, die durch überlegene Mitbewerber oder durch die unerbittlich vordringende Kultur des Menschen zum Rückzug aus ihren ursprünglichen Wohngebieten genötigt wurden. Im unwegsamen Berg finden sich schließlich doch immer noch Gegenden, wo auch noch ein mürrischer Einsiedler »nach seiner Fasson selig werden kann«. So haben sich die letzten Bären Mitteleuropas in die entlegensten Alpenschluchten zurückgezogen, und auch die Wildkatze, diesen prachtvollen Zwergtiger, finden wir heute fast nur noch im stillen Tann des Gebirges. Selbst bei den eigentlichen Gebirgstieren ist die Erscheinung zu beobachten, daß sie vom Menschen in immer höhere und unwirtlichere Lagen hinaufgedrückt werden und hier infolge kargerer Nahrung an Stärke und Schönheit entschieden zurückgehen. Der alte Gamsbock, den ein Jäger in einem Tiroler Felsrevier erlegt, ist eigentlich nur ein »Gelump« gegenüber den Böcken, die im Balkan oder Kaukasus ihre Äsung noch den würzigen Waldwiesen entnehmen dürfen. Gebirgszüge, die im Gegensätze zu den bisher erwähnten in der Hauptsache eine Nord-Süd-Richtung innehalten, wie dies in der Neuen Welt fast durchgehends der Fall ist, werden als tiergeographische Grenzen naturgemäß eine viel geringere Rolle spielen. Sie dienen der Tierverbreitung vielmehr geradezu als Brücken, da kälteliebende Tiere auf den rauhen Gebirgsrücken viel leichter nach Süden vordringen und so ihr Verbreitungsgebiet erweitern können.

Der Laie wird mit dem Begriff tiergeographischer Grenzen zu allererst den der *klimatischen Unterschiede* verbinden, und selbstverständlich spielen diese auch eine große Rolle, wenn auch nicht eine so ausschlaggebende, als man zunächst annehmen möchte. Es gibt doch eine große Anzahl von Tieren, die sich auf alle nur erdenklichen Temperaturverhältnisse einzustellen wissen. Der Tiger haust in der kalten Tundra Sibiriens ebensogut wie in der heißen Dschungel Indiens, der Puma (Silberlöwe) dehnt seinen Verbreitungsbezirk von Kanada an über ganz Nord- und Südamerika bis Patagonien aus, der Allerweltsplagegeist Wanderratte fühlt sich im Zelte des Lappländers ebenso wohl wie in den Negerhütten des tropischen Afrika oder auf den entlegensten Inseln des Weltmeeres mit ihrem ausgesprochen ozeanischen Klima. Größer ist allerdings noch die Reihe jener Tiere, für deren Gedeihen die Wärmegrenzen recht eng gezogen sind. Die kleinen Prachtfinken aus Westafrika, die ab und zu in großen Mengen die Schaukäfige unserer Tierhändler füllen, fallen wie die Fliegen, wenn man sie im ungeheizten Zimmer zu überwintern versucht. Die allerliebsten, schüchternen Mamosettäffchen geben schon deutliche Zeichen frostigen Unbehagens zu erkennen bei Wärmegraden, die uns Menschen sehr behaglich erscheinen. Die großen Menschenaffen werden in unserem Klima rasch schwermütig und verfallen unrettbar der Schwindsucht. Die prachtvoll johannisbeerrot gefärbten Hakengimpel aus dem hohen Norden, die uns in strengen und schneereichen Wintern besuchen, sitzen mit geöffnetem Schnabel schwer atmend da, wenn man ihren Käfig ins geheizte Zimmer stellt. Niemand wird sich Renntiere und Moschusochsen auf der afrikanischen Steppe oder Strauße und Gazellen in der sibirischen Tundra vorstellen können, so innig sind für unsere Begriffe diese Tiergestalten mit der Vorstellung gewisser Wärme- oder Kältegrade verbunden. Jedes Tier vermag auch bei ungewohnter Wärme oder Kälte sein Dasein bis zu einem gewissen Grade zu fristen, aber wirklich wohl fühlen und ausleben wird es sich nur bei einer Temperatur, die die Wissenschaft als sein Optimum (»das Beste«) bezeichnet. Dieses Optimum liegt natürlich ungeheuer verschieden, wir brauchen nur an den Gletscherfloh im Eis der Alpen oder an gewisse, in 50° heißen Quellen lebende Wimperinfusorien zu denken, verschiedene Klimagürtel werden also auch eine verschiedene Tierwelt besitzen, und es wird für diese vielfach nicht leicht sein, die gezogenen Grenzen wesentlich zu überschreiten. Im allgemeinen haben die Tropenländer das reichere, vielgestaltigere und farbenfreudigere Tierleben aufzuweisen. Indien hat 279 000 Kerbtierarten, das etwa halb so große Grönland 437! Man sieht daraus, wie rasch das Tierleben vom Gleicher aus nach den Polen zu abnimmt, wie gründlich es in den eisigen Flächen des hohen Nordens verarmt. Eine ganz ähnliche Beobachtung machen wir im Gebirge, wenn wir etwa in den Anden vom tropischen Tiefland zum ewigen Schnee emporsteigen. Viele Tiere können ja ihrer ganzen Ernährungsweise nach überhaupt nur in heißen Ländern bestehen, die keinen Wechsel der Jahreszeiten kennen, beispielsweise alle, die auf fleischige Früchte oder den Honigsaft der Blüten angewiesen sind. Die Pinselzüngler unter den australischen Papageien, die schimmernden Kolibris und die prachtvollen Zuckervögel Südamerikas, die Honigfresser aus Neuguinea und die Honigsauger aus Afrika, sie alle sind in einem gemäßigten oder sogar schon in einem subtropischen Klima einfach undenkbar, und deshalb können sie unter den heutigen Verhältnissen ihr Verbreitungsgebiet nicht wesentlich verschieben. Länder mit schroffem Wärmewechsel (in Arizona hat man bei geänderter Windrichtung innerhalb acht Stunden Temperatursprünge von 36° beobachtet!) verlangen natürlich auch eine besondere Anpassung der sie bewohnenden Tierwelt und können überhaupt nur gewisse Arten für die Dauer beherbergen. In Wüsten sind die Wärmeunterschiede zwischen Tag und Nacht oft ganz gewaltig, und die Tiere haben sich danach zu richten. In unseren Breiten kommt der Wechsel der Jahreszeiten hinzu, der zwar die reizvolle Abwechslung und Vielseitigkeit der heimischen Natur begründet, aber im Winter vielen Tieren die Nahrungsquellen verschüttet oder Kältegrade bringt, denen sie nicht gewachsen sind. Darum flüchten die Geschwader der Zugvögel vorher nach dem warmen Süden, ziehen sich die Regenwürmer und in ihrem Gefolge die Maulwürfe in tiefere Erdschichten zurück, verfallen Fledermäuse und Igel, Siebenschläfer und Murmeltiere in den Winterschlaf, schmausen die Hamster und Biber von aufgespeicherten Vorräten, verkriechen sich die Salamander und Eidechsen in Moos und Erdspalten, die Frösche im Schlamm der Teiche, während Hase und Fuchs, Reh und Hirsch der Winterkälte trotzen, aber längst das leichte Sommerkleid mit einem warmen Gewande vertauscht haben. Wie fördernd eine nicht zu übermäßige Steigerung der Wärme auf die Lebenstätigkeit der Tiere einwirkt, ersieht man aus einer Mitteilung Hesses, wonach Heringseier sich zwar bei ½° und bei 16° Wärme gleich gut entwickeln, dazu aber in jenem Falle 40–50, in diesem dagegen nur 6–8 Tage brauchen, also während einer viel geringeren Zeitspanne den unzähligen Gefahren ausgesetzt bleiben, denen die Fischeier nahezu schutzlos preisgegeben sind. Gesteigerte Wärme beschleunigt den Pulsschlag des Lebens, verfrüht namentlich den Eintritt der Geschlechtsreife. Die afrikanischen Antilopen z. B. werfen ihr erstes Kalb viel zeitiger, als man es sonst von Säugetieren gleicher Größe gewohnt ist. Reifen doch auch die Menschenrassen der Tropen viel früher als im gemäßigten Klima; schon im südlichen Marokko sah ich nicht selten 11–12jährige Mütter. Die Kriechtiere sind wohl die wärmebedürftigsten von allen, insbesondere die Schlangen. Wie wollüstig blähen sie den von den Rippen möglichst weit ausgespannten Schuppenleib auf dem warmen Wüstensande im Sonnenschein, wie flink und bissig sind sie dann, während ich nach kühlen Nächten die gefährlichsten Giftschlangen mit der Hand aufnehmen konnte, da sie völlig erstarrt und bewegungslos waren. Das in den Tropen zu so üppiger Entfaltung gediehene Schlangengezücht ist deshalb schon in Mitteleuropa auf ganz wenige Arten zusammengeschrumpft, und über den 62. Breitengrad geht auch von diesen keine hinaus, während die Eidechsen, obwohl im wesentlichen auch Kinder der Tropen, sich schon etwas härter zeigen, und die Frösche bis in den Polarkreis vorstoßen. Neben den Wärmeverhältnissen kommen bei klimatischen Gebietsgrenzen auch noch *Regenmenge* und *Luftfeuchtigkeit, Dauerwinde* und periodische *Sturmwinde* in Betracht. Die Spinnen brauchen, worauf zuerst Dahl aufmerksam gemacht hat, Wind zum Anheften ihrer fliegenden Netzfäden, Eidechsen und Schmetterlinge lieben die Trockenheit, Nacktschnecken und Frösche die Feuchtigkeit. Nach einem warmen Gewitterregen sieht man in unseren Bergwäldern allenthalben die prallen, gelbgefleckten Salamander herumhumpeln, während man vorher keinen einzigen erblickte. Gegen die Giftwinde der Sahara, gegen die Sandstürme der Turkmenenwüste, gegen die Blizzards der nordamerikanischen Prärie muß alles Getier schleunigst Schutz und Deckung suchen, wenn es nicht vernichtet werden will.

Die Abhängigkeit von der Pflanzenwelt

Auch die *Pflanzendecke der Erde* übt einen entscheidenden Einfluß auf die Tierverbreitung und ihre Begrenzung. Steppe und Wald bergen eine ganz verschiedene Tiergesellschaft, das parkartig bewachsene Gelände pflegt am tierreichsten zu sein, die Bedeckung des Bodens mit dem hohen, schilfartigen, scharfrandigen und harten Alang-Alang erstickt fast alles Tierleben. Die großen Herdentiere der ostafrikanischen Steppe wie Zebras, Antilopen, Gnus und Strauße wissen sich im dichtverwachsenen Urwalde nicht zu bewegen, und deshalb bilden die großen Tropenwälder Innerafrikas für sie eine unübersteigbare Schranke, die jede Weiterausbreitung nach Westafrika verhindert. Ebenso werden große Waldgebiete von den sie umgürtenden Steppen für viele Tiere vollständig abgeschlossen. So ausgesprochene und seßhafte Waldtiere wie z. B. Luchs und Bär, Spechte und Auerhühner werden es sich nicht einfallen lassen, auf der Suche nach neuen Wohngebieten weite Steppen zu durchziehen. Zwischen Au- und Berg-, Laub- und Nadelwald bestehen hinsichtlich ihrer Tierwelt auch wieder tiefgreifende Unterschiede. Von unseren Vogelarten sind z. B. Auerhuhn, Goldhähnchen, Haubenmeise und Tannenmeise auf den Nadelwald beschränkt, dessen Grenzen nicht leicht überschritten werden. Der Wasserpieper hält sich durchaus an das Latschengestrüpp der höheren Gebirgskämme, der Tannenhäher nach Möglichkeit an die Arvenbestände. Kinder des Laubwaldes sind Haselhuhn und Pirol; Turteltaube und Nachtigall haben eine starke Vorliebe für den Auenwald, der anmutige Zwergfliegenfänger und der muntere Waldlaubsänger für den ragenden Buchendom. Buchfink, Goldammer, Stieglitz, Girlitz, Grünspecht, die Grasmücken, Meisen, Wendehälse und viele andere siedeln am liebsten im parkartigen Gelände, während Lerchen, Rebhühner, Wachteln usw. die Kultursteppe mit ihren Getreidefeldern und Wiesen bevorzugen. Ändert sich das Landschaftsbild mit der Pflanzenbedeckung, wird etwa Laubwald in Nadelwald verwandelt, Forst in Ackerland, Sumpf in Wiese, so verschwinden viele bisher in der Gegend alteingesessene Tierarten, und andere, bisher nicht vorgekommene treten an ihre Stelle. So gibt es heute in Dänemark kein Auerwild mehr, obwohl es, wie zahlreich aufgefundene Reste bezeugen, früher dort häufig war, solange nämlich dieses

Land mit Nadelwald bedeckt war, der später durch Laubwald abgelöst wurde. Nur im Walde konnten die Baumkletterer zur vollen Ausbildung gelangen, nur im Walde findet man bei uns das lustige Eichhörnchen und seinen Todfeind, den sprunggewandten Edelmarder, nur im Walde Südamerikas die Affen, Baumstachler, Faultiere usw. Weit einschneidender als die Unterschiede zwischen unseren verschiedenen Waldarten sind natürlich die zwischen dem mitteleuropäischen Wald einerseits und dem Regenwald der Tropen andrerseits, selbst wenn wir vom Klima ganz absehen. Der Tropenwald zeichnet sich durch eine schier verwirrende Fülle von Baum- und Straucharten aus, und man muß oft lange gehen, ehe man denselben Baum in einem zweiten und dritten Vertreter wiederfindet, so daß demgegenüber unsere Wälder überaus gleichförmig und eintönig erscheinen, insbesondere die vom Forstmann bevorzugten Nadelholzbestände. Selbst in unseren Mischwäldern haben wir gewöhnlich nur 10 bis 15 Baumarten, während z. B. der Wald von Kamerun deren 500 aufzuweisen hat, dazu noch 800 Straucharten. Irgendeiner dieser vielen Bäume wird immer Blüten oder Früchte haben; so daß auch ausschließliche Frucht-, Beeren- oder Blütenhonigfresser im Tropenwalde stets eine reich besetzte Tafel vorfinden, während sie bei uns den größten Teil des Jahres über Hunger leiden müßten. Im vollsten Einklang mit dieser weitgehenden Zersplitterung der Pflanzenwelt steht nun aber auch die Verteilung der Tierwelt, die ja mittelbar oder unmittelbar von jener abhängt. Wir finden also eine überwältigende Fülle von Arten, aber jede dieser Arten nur in verhältnismäßig wenigen Vertretern. Die Forschungsreisenden versichern uns übereinstimmend, daß es dort viel leichter sei, 100 verschiedene Insektenarten zu sammeln als 100 Stück der gleichen Art. Der berühmte Wallace fing in Borneo in einer einzigen Nacht 158 Schmetterlinge, die sich auf 120 verschiedene Arten verteilten, und sein Landsmann Bates erbeutete bei Para in wenigen Stunden 46 Tagfalter, die 39 verschiedenen Arten angehörten. Im Umkreis einer Stunde sind ebenda im ganzen 700 Tagfalter gesammelt worden, während ganz Europa überhaupt nur 400 aufzuweisen hat. Nachstehend noch einige weitere beweiskräftige Zahlen, die ich dem vortrefflichen Werk Hesses entnehme: Südamerika beherbergt 4560 Tagfalter, das ganze paläarktische Gebiet nur 716, die Insel Borneo hat 580 Landvögel, Europa im ganzen auch nur 685 Vogelarten, von denen wir 257 zu den Landvögeln rechnen können. Den 79 Fröschen Borneos hat Europa nur 13 gegenüberzustellen, den 536 Kriechtieren Vorderindiens nur 64, also etwa den neunten Teil. Die Philippinen können mit 727 Arten von Landschnecken dienen, in dem viel größeren, aber unter gemäßigten Breiten liegenden Japan leben nur 193 Arten.

Der Einfluß der Bodenbeschaffenheit

Die Beziehungen der *Bodenbeschaffenheit* zur Tierverbreitung stellen ein noch wenig erforschtes, aber lohnendes und reizvolles Arbeitsgebiet dar. Daß die Schneckenwelt sich am reichsten auf kalkhaltigem Boden oder im Gefels der Kalkgebirge entwickelt, ist ja allgemein bekannt; denn diese Tiere bedürfen des Kalkes zum Aufbau ihrer Schalen. Warum aber der in Deutschland leider im Aussterben begriffene Steinsperling nur im Muschelkalkgebiet Thüringens vorkommt und auch früher nur auf kalkreichem Gelände zu finden war, weiß wohl niemand zu sagen. Unter unseren Bäumen ist die Buche eine ausgesprochene Kalkfreundin, und deshalb sind es mittelbar auch die im Buchenwald wohnenden Tiere. Gehörnträger brauchen auch viel Kalk zur Gehörnbildung, und jeder Jäger weiß, daß z. B. die Rehböcke der kalkreichen Schwäbischen Alb im Durchschnitt weit stärkere Gehörne haben als die im kalkarmen Schwarzwald. Es gibt eine ganze Reihe von Tieren, die nur auf stark salzhaltigem Gebiete vorkommen, wie sich dies am besten an den Salzpfannen Afrikas und in den Salzsteppen Innerasiens beobachten läßt. Die berühmten Karakulschafe erhalten ihr glänzendes und gekräuseltes Pelzwerk in voller Schönheit nur da, wo ihnen Weideflächen mit Salzpflanzen zur Verfügung stehen, während sie sehr rasch entarten, wenn dies nicht der Fall ist, weshalb auch Zuchtversuche mit ihnen in salzarmen Gegenden Deutschlands von vornherein zum Mißlingen verurteilt waren. In der Vogelwelt konnte ich namentlich bei Steppenhühnern, Sandflughühnern und Stelzenläufern eine große Vorliebe für Salzboden feststellen, und die hübschen Brachschwalben habe ich stets nur mit schärfster Umgrenzung auf natronhaltigem Boden angetroffen. Zwei unserer gewöhnlichsten Singvögel unterscheiden sich, obwohl der gleichen Gattung angehörig, in bezug auf die Bodenwahl doch recht scharf. Die plumpe Grauammer läßt ihr schlichtes Strumpfwirkerliedchen nur in fettem Gelände mit gutem Weizenboden erschallen, die zierlichere und hübscher gefärbte Gartenammer dagegen siedelt sich nur in Landstrichen mit schlechtem, sandigem Boden an, hat deshalb auch eine vielfach unterbrochene, sozusagen inselartige Verbreitung.

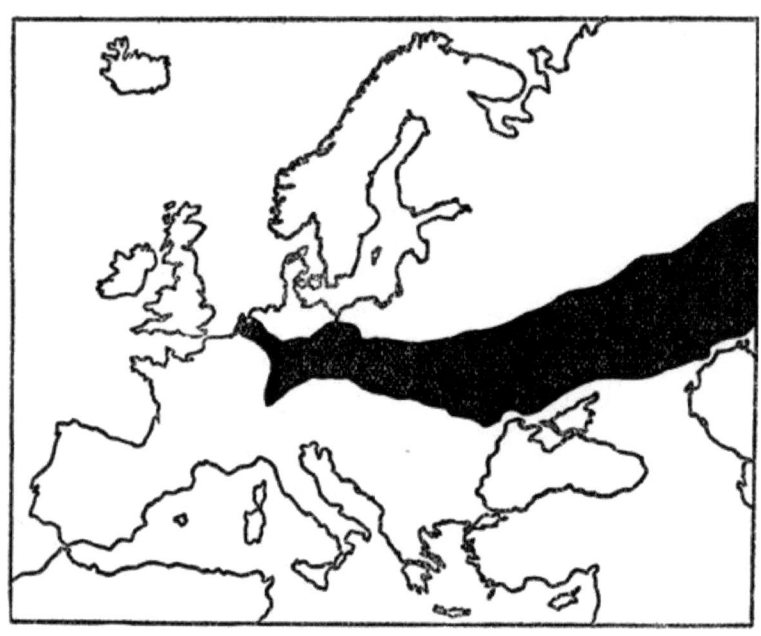

Abb. 3. Verbreitung des Hamsters in Europa
Nach R. F. Scharff

Man beachte die aus der östlichen Heimat zungenartig nach Westen vorgestreckte Verbreitung, wobei felsige und gebirgige Gegenden streng vermieden werden, aber auch solche mit reinem Sande oder tonigem Lehmboden, während Strecken mit dem milden Lehmboden stark angebauter Gegenden dicht besiedelt sind.

Die großen und schweren Pflanzenfresser brauchen zur vollen Entfaltung ihrer Beweglichkeit und Schnelligkeit einen harten und festen Boden, der ihren federnden Hufen bei raschem Lauf einen gewissen Widerstand entgegensetzt, und einen solchen finden sie ja auch in den Lehmsteppen Mittelasiens, in den weiten Grasfluren Ostafrikas, in den Pampas von Süd- und in den Prärien von Nordamerika. Die hüpfenden Kleinsäuger wie Springmäuse und dgl. finden wir dagegen hauptsächlich auf Sandboden, und die Gehwerkzeuge des Dromedars sind diesem derart angepaßt, daß die gebuckelten Riesentiere etwa auf vom Regen glitschrig gewordenen

Lehm sich ebenso ängstlich und unbeholfen benehmen wie ein menschliches Muttersöhnchen, das Schlittschuhlaufen lernen soll. Bei meinen Reisen in Südmarokko mußten wir für die Kamele immer erst aus Sand eine Art Übergangsbrücke herstellen, wenn wir an einen Graben mit feuchten und glitschrigen Rändern kamen; anders waren die schwerfälligen und ungeschickten Tiere nicht hinüberzubringen. Und unter den feurigen Rossen des Emirs von Buchara sah ich manchen herrlichen Hengst edelster Abstammung, dem aber leider die Hufe zu unförmlichen Schuhen ausgewachsen waren, weil man sie längere Zeit hindurch nur im Sumpfgelände oder nur in der Sandwüste gebraucht hatte. Grabtiere wie Kaninchen und Hamster brauchen einen lockeren, aber nicht rein sandigen Boden, da in diesem ihre Gänge zu rasch wieder verfallen würden, während im tonigen Lehmboden das Graben zu viel Mühe kostet (Abb. 3). Nicht wenige Tiere ziehen felsigen Boden jedem anderen vor und sind dann entweder hervorragende und durchaus schwindelfreie Springer wie die Gemsen, Steinböcke und Wildschafe, oder sie sind wie Klippschiefer und Geckos mit besonderen Haftvorrichtungen versehen, die es ihnen ermöglichen, auch die steilsten Stellen zu erklimmen. Unter den Vögeln treffen wir besonders viele Felsenfreunde an. Nicht nur die aasfressenden Geier, sondern auch die stolzesten Räuber der Lüfte, Adler und Edelfalken, errichten ihre trotzige Knüppelburg am liebsten an steilen Felswänden. Rauch- und Mehlschwalbe, Segler und Hausrotschwanz waren ursprünglich Felsennister und sind es in weniger kultivierten Ländern vielfach auch heute noch. Die Steinwüstenei der Großstadt mit ihren ragenden Türmen und Hochbauten, den schmalen Gassenschluchten und engen Höfen mochte ihnen dann aus der Vogelperspektive wohl vorkommen, wie ein recht zerklüftetes Felsgebirge, also ganz nach ihrem Geschmack, und da es hier auch Nahrung im Überflüsse gab, trugen sie kein Bedenken, sich an solchen Stätten anzusiedeln, ohne sich viel um das unten herumwimmelnde Menschenvolk zu kümmern. In Ländern, wo der tierfreundliche Islam herrscht, machen es selbst die Raubvögel nicht anders. In den zerbröckelnden Ringmauern sowie auf den Kuppeln der Moscheen und Badehäuser aller Städte und Städtchen Marokkos fand ich unzählige Turmfalken, Rötelfalken, Weihen horstend vor, und wahrscheinlich wäre es auch bei uns nicht anders, wenn die leidige Schießlust des Europäers nicht wäre. Nur Dohle und

Schleiereule vermochten sich stellenweise die Kirchtürme zu erobern.

Mitbewerber und Feinde

Endlich wird die Verbreitung der Tiere auch noch sehr durch stärkere *Mitbewerber* oder überlegene *Feinde* geregelt, eingeengt und begrenzt. So muß man sich zunächst wundern, daß die in vieler Beziehung so prachtvoll ausgerüsteten und im Kampfe ums Dasein durchaus ihren Mann stellenden Paviane nicht auch über Westafrika, namentlich über das üppige Kamerun sich ausgebreitet haben, obwohl sie doch in Mittel- und Ostafrika überall ansässig sind und sich den verschiedensten Verhältnissen anzupassen wissen. Das Rätsel löst sich aber sofort, wenn mir erfahren, daß die Paviane in Westafrika auf die unheimlich starken und furchtbar bissigen Mandrille stoßen würden, die ihnen zwar nahe verwandt, aber unbedingt überlegen sind. Die berüchtigte Tsetsefliege schneidet für gewisse Huftiere in manchen Gegenden Afrikas die Verbreitung geradezu messerscharf ab. Kein Pferd und kein Rind vermag den von ihr besetzten »Fliegengürtel« zu überschreiten, auch unter dem Schutze des Menschen nicht. Auf den paradiesischen Südseeinseln gibt es zahlreiche und zum Teil prachtvoll gefärbte Taubenarten, weil dort die Hauptfeinde der Taubenbrut, nämlich die lüsternen Affen, fehlen. Umgekehrt finden wir in dem an Baumaffen so reichen Urwalde Südamerikas nur wenige und unansehnlich gefärbte Taubenarten. Aus dem eigenen Vaterlande kann uns namentlich das Schicksal der alteingesessenen schwärzlichen Hausratte als Beispiel dienen. Sie wurde stark vordrängt, in vielen Gegenden sogar ganz ausgerottet durch ihren von Osten her eingewanderten Vetter, die stärkere graue Wanderratte. Überhaupt kann es als Gesetz gelten, daß der Kampf um Raum immer am grimmigsten entbrennt zwischen nahe verwandten Tierarten. Manche Tiere sind schon gegen bloße Störungen sehr empfindlich, auch wenn sie mit gar keiner eigentlichen Schädigung verbunden sind, und wandern lieber aus, wenn sie ihre geliebte Ruhe und Einsamkeit vermissen müssen. Erfahrene Jäger behaupten, daß die Wildenten das lärmende und zänkische Wesen der Wasserhühner gar nicht leiden mögen und deshalb die altgewohnten Brutteiche verlassen, wenn die Bleßhühner zu sehr überhandnehmen. Ähnlich verhalten sich ja auch viele unserer lieblichsten Singvögel dem aufdringlichen und rüpelhaften Benehmen des Proletariers Spatz gegenüber. Der verhängnisvollste aller Eindringlinge, weil der übermächtigste, ist aber der *Mensch* selbst. Schon die vom Menschen mitgeschleppten Haustiere, namentlich Schweine, Hunde und Katzen, vermögen eine bis dahin unberührte Fauna zu zehnten und zu verändern, gerade die ältesten und merkwürdigsten Arten, die zugleich meist die wehrlosesten sind, in der kürzesten Frist auszurotten, wie wir dies namentlich auf tropischen Inseln erleben mußten. Und erst der Allwürger Mensch selbst! Wie viele der schönsten und eigenartigsten Tiere sind doch schon seiner kurzsichtigen Habgier zum Opfer gefallen, ganz aus dem Buche des Lebenden gestrichen oder dem Aussterben unrettbar nahe gebracht worden! Welch lange und traurige Liste von der Stellerschen Seekuh an bis zum Riesenalk, von der Wandertaube bis zum Wisent, von der Dronte bis zum Quagga! Macht doch der sogenannte Kulturmensch nicht einmal vor seinen Menschenbrüdern halt, sondern jagt die alten Urvölker in die entlegensten Einöden, nachdem er sie vorher mit Schnaps und Syphilis vergiftet hat.

Verbreitungsmöglichkeiten

Gegenüber den von der Natur errichteten Verbreitungsschranken besitzen die Tiere nun aber eine ganze Reihe von *Verbreitungsmöglichkeiten*, freilich in sehr verschiedenem Grade. Auch das winzigste Insekt, auch das bescheidenste Mäuslein und das schüchternste Häschen will sein Plätzchen an der Sonne haben. Die Ansprüche an die *Größe des Raumes* sind natürlich sehr verschieden, je nach Größe, Alter, Bewegungslust, Nahrungsbedürfnis und Fortpflanzungsweise des betreffenden Tieres. Die Giraffe durcheilt in einem kurzen Galopp Strecken, die einer Wühlmaus als ungeheuerlich erscheinen müßten, und ein Storch durchmißt auf der Reise von Ostpreußen nach Südafrika zweimal jährlich Weiten, die auch die flinkste Antilope oder der feurigste Wildesel nicht zu bewältigen vermöchten. Jedes Tier braucht nicht nur Ernährungs-, sondern auch Fortpflanzungsraum, und beide sind oft durch ungeheure Zwischenräume getrennt, wobei wir nur an die Laichwanderungen der Heringe und Lachse zu denken brauchen.

Am günstigsten hinsichtlich der Bewegungsfähigkeit sind natürlich die Vögel daran. Ihr rascher Schwingenschlag trägt sie über breite Meeresarme und durstende Wüsten, über ragende Gebirgskämme und endlose Steppen. Ein nordamerikanischer Bussard wandert von Kanada über Mittel- nach Südamerika und kommt erst in Patagonien zur Ruhe, überwindet also alljährlich zweimal 90 Breitengrade, den vierten Teil des Meridianumfangs der Erde. Über auch unter den Fledermäusen und Schmetterlingen gibt es ganz tüchtige Wanderer, wenn auch ihr Zug über weite und unwirtliche Strecken hinweg in der Regel unfreiwillig sein wird, da sie bei ihrem ziellosen Herumschwirren von einer herrschenden Windströmung gepackt und weit fortgetragen werden. Auch bei den Vögeln darf man die Bewegungsfähigkeit nicht mit dem Bewegungsbedürfnis verwechseln. Die Standvögel und auch die Zugvögel während der Brutzeit machen von ihrem großartigen Flugvermögen doch nur so weit Gebrauch, als es die Beschaffung von Nahrung für sich selbst und für die Jungen unbedingt erfordert. Das Taucherpärchen verläßt den zum Brutgeschäft auserkorenen Teich den ganzen Sommer über nicht mehr, falls es nur unbehelligt bleibt; der Rohrsänger bindet sich ebenso streng an ein oft gar nicht besonders umfangreiches Rohrdickicht, der Zaunkönig kann sich tagelang in ein- und derselben Dornenhecke herumtreiben, Eisvogel und Wasseramsel halten sich immer an das gleiche Stück des Bachlaufes, und nur das Raubzeug und die großen Aasfresser müssen täglich weitere Strecken zurücklegen, um die benötigte Nahrungsmenge aufzubringen. Als tiergeographische Heimat des Zugvogels hat man unbedingt seinen Brutort zu betrachten, nicht etwa das Winterquartier und die unterwegs durchreisten Länder in sein eigentliches Verbreitungsgebiet einzubeziehen. Ich möchte hier auf die vielen Rätsel des *Vogelzuges* nicht weiter eingehen, aber wenigstens eine Frage muß hier doch gerade vom tiergeographischen Standpunkte aus kurz gestreift werden. Neuerdings ist nämlich die Ansicht aufgetaucht, die bedauerliche Abnahme unserer Singvögel sei hauptsächlich darauf zurückzuführen, daß sie mehr und mehr in den behaglichen Winterquartieren zurückbleiben, um dort auch zu brüten. Besonders und mit großer Bestimmtheit hat man dies von unseren Schwalben behauptet, die sich angeblich zahlreich in Nordafrika ansiedeln sollen. Es ist trotzdem falsch. Die Ernährungsverhältnisse dort sind nämlich während der Brutzeit keineswegs so günstig, wie der Fernerstehende vermutet, sondern zweifellos viel schlechter als bei uns. Dort versengt in den glutheißen Sommermonaten eine erbarmungslose Sonne den größten Teil der üppigen Pflanzenpracht und scheucht die Kerbtierwelt in ihre Schlupfwinkel zurück, hier aber gibt es um die gleiche Jahreszeit die saftigsten Kräuter und demzufolge auch die fettesten Schnecken, die feistesten Raupen und Larven, die ja hauptsächlich zur Ernährung der Vogelbruten herhalten müssen. Viel wichtiger sind aber noch unsere langen Sommertage, die es den fleißigen Vogeleltern ermöglichen, von 3 Uhr früh bis 9 Uhr abends ihren Jungen Futter zuzutragen, während ihnen in Afrika für diesen Zweck volle sechs Stunden weniger zur Verfügung stehen würden. Das bedingt einen großen Unterschied für den Umfang der Fortpflanzung, da die Vögel bei uns eine viel stärkere Familie aufziehen können. Die meisten Arten machen in Mitteleuropa zwei Bruten mit jedesmal 5–6, ja 8–12 Eiern, während in Afrika das Gelege derselben oder der nächstverwandten Arten in der Regel nur aus 2–3 Eiern besteht. So fand ich in den marokkanischen Amselnestern immer nur 3–4 Eier, in den unsrigen gewöhnlich 5–6. Man hat die Wanderungen der Vögel auch insofern noch für die Tiergeographie nutzbar machen zu können geglaubt, als man im Anschluß an den finnischen Vogelforscher Palmén die Behauptung aufstellte, die heutigen Vogelzugsstraßen entsprächen den alten Verbreitungs- und Ausdehnungslinien, führten also gewissermaßen wieder ins Entstehungsgebiet der betreffenden Art zurück. Diese geistvolle Annahme hat gewiß viel Verführerisches an sich und mag auch in zahlreichen Fällen zutreffen, aber verallgemeinern läßt sie sich nicht, denn wir stoßen doch auch beständig auf Tatsachen, die dieser Meinung widersprechen. Man hat ferner behauptet, daß das tiergeographisch natürlich sehr wichtige Entstehungszentrum einer Gattung dort zu suchen sei, wo sie die meisten Arten herausgebildet habe. Diese Voraussetzung ist aber sicher in vielen Fällen falsch, denn wenigstens bei meinen vogelkundlichen Untersuchungen konnte ich wiederholt feststellen, daß im Gegenteil die Gattung gerade in ihren Randgebieten und an ihren Verbreitungsgrenzen am meisten zur Bildung weiterer Arten neigt.

Die *Wanderung*, sei sie nun zielbewußter Art oder nicht, ist also das erste, beste und wichtigste Verbreitungsmittel der Tiere zur Überwindung der von der Natur ihrem Ausbreitungsdrang entgegengestellten Schranken. Die Vögel stehen ja in dieser Beziehung hoch obenan, aber auch manche andere Tiere leisten mehr, als man ihnen zutrauen möchte. Wanderheuschrecken und Wanderameisen führen ihren Namen mit vollem Recht, Distelfalter, Libellen und Marienkäferchen begeben sich oft in großen Heereszügen auf weite und gefährliche Reisen. Gewisse Fledermäuse suchen alljährlich ihre Winterquartiere in wärmeren Ländern. Stoll erzählt uns von einem nordamerikanischen Tagschmetterling (Megalura chiron), der in dichten Massen über Mittelamerika nach Südamerika flattert und so seinen ursprünglichen Verbreitungsbezirk schon sehr bedeutend erweitert hat. Wir wissen, daß an ihren Fäden schwebende Wolfspinnen, Heuschrecken, Libellen, Käfer und Schmetterlinge sich öfters auf Schiffen niederlassen, die schon viele Dutzende von Kilometern vom nächsten Land entfernt sind. Mag auch die große Mehrzahl solcher Wanderer zugrunde gehen, einige von ihnen erreichen doch einmal Neuland, und ein Bruchteil davon wird sich ab und zu für die Dauer seßhaft zu machen vermögen, falls die Örtlichkeitsverhältnisse nicht gar zu ungünstig sind. Das naturgemäße Bestreben ausdehnungsbedürftiger Tierarten wird es immer sein, von ihrem ältesten Sitze aus möglichst ringförmig nach allen Seiten sich auszudehnen. Diese Verbreitung geschieht so langsam und allmählich, daß der Mensch kaum etwas davon merkt. Der regelrechte Verlauf einer solchen Verbreitungsweise wird in den allermeisten Fällen auch nie lange anhalten, denn früher oder später stößt die betreffende Tierart auf unüberwindliche Schranken oder ungeeignete Örtlichkeiten. Vielfach liegen auch die Verhältnisse von Anfang an auf der einen Seite so ungünstig, daß die Vorschiebung der Verbreitungsgrenze überhaupt nur nach der anderen Seite hin erfolgen kann. Immerhin führt diese Verbreitungsart, die man nach Hesse und Dahl als eine Art »Kolonisieren« auffassen könnte, wohl am sichersten zu nachhaltigen Erfolgen. Sie vollzieht sich auch heute noch beständig vor unseren Augen. So ist der ursprünglich in den Mittelmeerländern heimische Girlitz, der nächste Vetter des allgeschätzten Kanarienvogels, schon vor vielen Jahrzehnten durch zwei Einfallpforten von Süden und Westen her in Süddeutschland eingedrungen und hat dann in den letzten Jahren einen kräftigen Vormarsch nach Norddeutschland unternommen, so daß ich ihn sogar schon aus der Umgebung von Königsberg erhielt. Es unterliegt keinem Zweifel, daß dieses anmutige Vögelchen nach wenigen Jahren in ganz Deutschland eine gleichmäßig häufige Erscheinung sein und dann weiter ins Baltikum, nach Dänemark und Skandinavien vorstoßen wird. Schon früher haben auf ganz ähnliche Weise die Haubenlerche, die mit Vorliebe den Fahrstraßen folgt, und der Hausrotschwanz, der heute noch in Ostpreußen eine Seltenheit ist, sich die deutschen Gaue erobert. Dagegen ist die Wacholderdrossel unter teilweiser Abänderung ihrer Lebensgewohnheiten umgekehrt von Norden aus bei uns eingewandert, und für Schlesien konnte ich 1893 ihr allmähliches Vordringen geradezu schrittweise nachweisen; gegenwärtig erobert sie West- und Süddeutschland, und 1923 konnte ich sie bereits als vereinzelten Brutvogel an der Solitude bei Stuttgart feststellen. Den stürmischen Siegeszug der Wanderratte nach glücklicher Überschreitung der Wolga haben wir bereits kennengelernt; vorangegangen war ihr schon der Hamster auf dem gleichen Wege, der sich aber nicht so großartig fremden Verhältnissen anzupassen vermochte und deshalb glücklicherweise in vielen Gegenden unsres Vaterlandes noch fehlt (Abb. 3). Gefolgt ist ihm das Ziesel, das schon im Wiener Prater haust, und ganz neuerdings das Perlziesel, das aber die großen russischen Stromschranken noch nicht sämtlich überwinden konnte und deshalb noch nicht ins Herz Europas gelangt ist. Dieser Drang nach dem Westen scheint überhaupt viele sibirische Tiere zu beherrschen. So liest man gegenwärtig, daß sibirische Rehe in 200–300 köpfigen Herden in Europa eindringen. Die mitteleuropäische Rasse des Rehs ist ein ausgesprochenes Waldtier, wie aus unserem Kärtchen (Abb. 4) ersichtlich. Man beachte dabei die Vermeidung des rauhen Nordens, des unwirtlichen Hochgebirges und der baumarmen Länder.

Auch die Zugswanderungen der Vögel vermögen recht wohl zur Erweiterung der Verbreitungsbezirke beizutragen, wenn sie auch eigentlich nicht zu diesem Zwecke unternommen werden. Von den nach Norden zurückflutenden Heerscharen unserer gefiederten Wintergäste werden immer etliche Stücke bei uns zurückbleiben, weil sie sich nicht kräftig genug zu der weiten Reise fühlen oder aus anderen Gründen den Anschluß verpaßt haben. Da kann es leicht geschehen, daß solche Tiere in unserem köstlichen Frühling bei Ruhe und reichlicher Ernährung sich wieder kräftigen, daß ein liebebedürftiges Pärchen sich zusammenfindet und zur Fortpflanzung schreitet. Auf diese Weise erklärt sich leicht das vereinzelte Brüten von Rauhfußbussard, Weindrossel, Bergfink, Leinzeisig u. a. auf deutschem Boden, und man hat gar nicht nötig, den viel mißbrauchten Begriff der »Reliktenfauna« heraufzubeschwören. Möglicherweise waren die früher im Riesengebirge brütenden Mornellregenpfeifer wirklich ein Überbleibsel aus der Eiszeit, aber ich habe 1925 einen noch nicht recht flugfähigen Jungvogel dieser Art lebend sogar aus der unmittelbaren Umgebung von Stuttgart erhalten. Zu dauernder Ansiedlung führen solche beim Durchzug hängen gebliebene Vögel und stets vereinzelte Fortpflanzungsversuche aber wohl nur in den seltensten Fällen. Eher kommen Vermischungen mit der bei uns heimischen Rasse vor und führen zu dauernder Niederlassung wenigstens der in Mischehe lebenden Individuen. Andere Tierarten suchen in stürmischen und unregelmäßigen, oft weitausholenden Vorstößen ihr Verbreitungsgebiet zu erweitern, Z. B. die südlichen Schwärmerarten, deren Puppen aber in der Regel unserem rauhen Winter erliegen, wenn die Schmetterlinge nicht zufällig in klimatisch ganz besonders bevorzugte Gegenden gelangten.

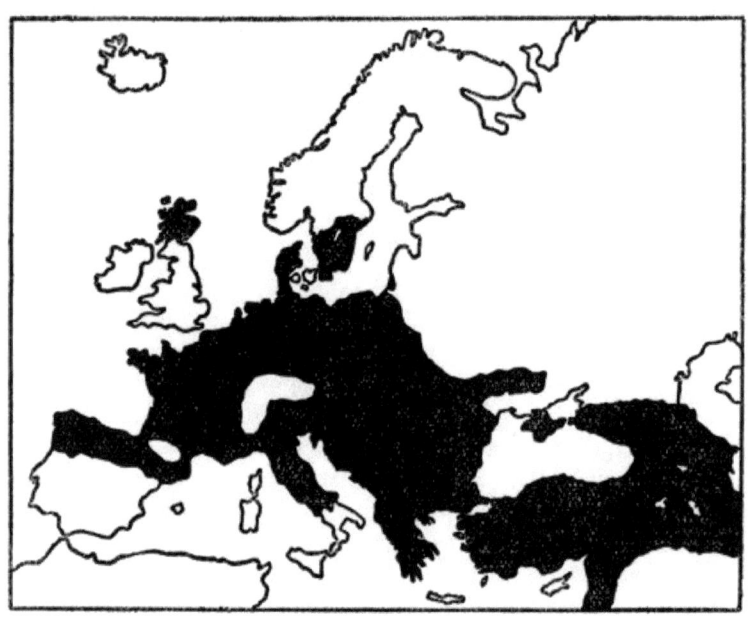

Abb. 4. Verbreitung des Rehes in Europa
Nach R. F. Scharff

Als solche müssen namentlich einige stark besonnte Kalkberge Süddeutschlands (z. B. der Kaiserstuhl) gelten, die sich zu wahren Brennpunkten südlichen Tierlebens herausgebildet haben. An solchen Punkten findet man so ausgesprochene Mittelmeerformen wie Zaunammer, Smaragdeidechse und Stabheuschrecke. Aus der Vogelwelt rechne ich den prachtvoll gefärbten Bienenfresser hierher, der immer wieder einmal in Deutschland auftaucht und nistet. Zu einer gewissen Berühmtheit gelangt sind die Masseneinwanderungen der sibirischen Tannenhäher und noch mehr die der mittelasiatischen Steppenhühner in den Jahren 1863 und 1888. Obgleich wenigstens bei dem zweiten großen Steppenhühnerzug rechtzeitig Schongesetze erlassen wurden, ist doch die Hoffnung auf dauernde Einbürgerung eines neuen Federwildes nicht in Erfüllung gegangen, weil nur ganz vereinzelte Paare in den Nordseedünen zu einmaliger Brut schritten.

Was für die höheren Tiere tiergeographisch die Wanderung bedeutet, das ist für die niederen die *Verschleppung.* Wer jemals einen der tropischen Riesenströme oder auch nur das Donaudelta befahren hat, der kennt die Erscheinung der im Wasser treibenden Baumstämme, die durch einen Sturmwind auf einer Insel oder am Steilufer entwurzelt wurden, plötzlich ins Wasser stürzten und nun mitsamt all ihrem Gezweig und Kleingetier stromabwärts schaukeln. Es ist klar, daß Kleingetier auf diese Weise leicht in wildfremde Gegenden verschleppt werden kann, was allerdings nur dann zu einer dauernden Einbürgerung zu führen vermag, wenn die Verhältnisse der neuen Heimat den Bedürfnissen des Tieres einigermaßen entsprechen. Da dies sehr häufig nicht der Fall sein wird, darf man die Bedeutung solcher natürlicher Verschleppungen keineswegs überschätzen, und namentlich bei Wirbeltieren werden sie wohl nur ausnahmsweise zur Wirkung kommen. Im Hamburger Hafen z. B. sind durch den Schiffsverkehr und namentlich durch den Farbholzhandel schon über 500 fremde Tierarten eingeschleppt worden, hauptsächlich natürlich Kerfe und Spinnen, aber auch 22 Schnecken, 2 Lurche, 4 Eidechsen, 7 Schlangen und 2 Säuger, darunter die Springmaus, die sich kurze Zeit hielt und angeblich Nachkommenschaft hatte, aber nach Jahresfrist wieder verschwunden war. Von allen diesen Tieren haben aber nur wenige Vertreter der beiden erstgenannten Klassen sich dauernd seßhaft machen können und auch diese nur in Gewächshäusern oder an ähnlichen, gut geschützten Orten.

In welcher Stufenfolge und mit welcher Schnelligkeit die Bevölkerung eines bis dahin tierfreien Gestades vor sich geht, dafür diene folgendes Beispiel: Am 26. August 1883 wurde die etwa 40 km von Java entfernte Insel Krakatau durch einen furchtbaren Vulkanausbruch teils in die Luft geblasen, teils im Meere versenkt, und der verbleibende Rest viele Meter hoch unter heißer Asche begraben. Kein Lebewesen entging dieser entsetzlichen Katastrophe. Aber schon drei Jahre später hatten auf der Rumpfinsel wieder 11 Farne und 15 Blütenpflanzen Fuß gefaßt, jedoch noch kein Tier. Aber nach 25 Jahren (1908) konnten die die Insel besuchenden Naturforscher bereits feststellen: 240 Arten Kerbtiere, 4 Schnecken, 2 Kriechtiere und 16 Vögel. Die letzte Untersuchung im Jahre 1920 ergab schon 573 Tierarten, darunter 26 Vögel, 2 Fledermäuse und ein nichtfliegendes Säugetier (Ratte). Man sieht also, wie verblüffend rasch die glückliche Tropennatur auch die furchtbarsten Schäden zu heilen vermag, man sieht weiter, daß Tiere sich nicht ansässig machen können, ehe nicht Pflanzen vorhanden sind, und endlich, daß bei der Neukolonisierung Kerfe und Schnecken den Reigen eröffnen, Vögel, fliegende Säugetiere und Kriechtiere folgen und die nicht fliegenden Säuger den Beschluß machen. Sie können aber nur mit solchen Arten eindringen, die sich im Gefolge des Menschen befinden und infolgedessen meist schon eine weltweite Verbreitung erlangt haben.

Heftige *Wirbelwinde*, wie sie namentlich in den Tropen nicht selten sind, vermögen auch allerlei Getier sowohl von der Wasserfläche als vom Erd- und namentlich vom nackten Sandboden aus mit sich in die Höhe zu reißen, eine Strecke weit mit sich fortzutragen und dann wieder zur Erde fallen zu lassen. Das abergläubische Volk spricht dann von *Tierregen*. Und was hat es nicht schon alles geregnet: Frösche und Kröten, Larven und Raupen, Käfer und Muscheln! Mag es sich dabei namentlich in früherer Zeit auch oft nur um unverbürgte und sagenhaft ausgeschmückte Gerüchte handeln, so sind doch auch aus neuerer und neuester Zeit selbst in Europa gut beglaubigte Fälle dieser Art vorgekommen. Dieser stürmische Lufttransport, der die unfreiwilligen Reisenden allzusehr mitnimmt, wird nie eine praktisch sonderlich wirksame Rolle spielen, aber immerhin ist es gut denkbar, daß etwa Kerfe und ihre Larven mitsamt den zugehörigen Blätterzweigen auf diese Weise befördert werden und so ihr Verbreitungsbezirk eine plötzliche und unerwartete Ausdehnung erfährt. Neben der ringförmigen und kolonisierenden, neben der durch allmähliche Wanderung oder rasche Vorstöße bewirkten Ausbreitung ist überhaupt noch eine andere Art zu unterscheiden, die man als die explosive bezeichnen könnte. Da lebt ein Tier jahrhundertelang schlecht und recht auf einem verhältnismäßig eng und scharf umgrenzten Raum, um dann plötzlich weit entfernt davon in überraschender Menge aufzutreten und sich mit fabelhafter Geschwindigkeit über weite Gebiete auszubreiten. Leider gehören gerade einige der allerschlimmsten Schädlinge hierher, und ich brauche nur an die Reblaus zu erinnern, die von Amerika herüberkam, einen großen Teil des europäischen Weinbaus vernichtete und auch heute noch durch scharfe Überwachungsmaßregeln im Zaume gehalten werden muß, oder an den gefährlichen Kartoffelkäfer, der schon wiederholt unsere wichtigste Erdfrucht bedrohte und seit dem Weltkriege wieder in beängstigender Menge in Frankreich aufgetreten ist.

Die erste Verschleppung erfolgt in solchen Fällen natürlich immer mittelbar oder unmittelbar durch den Menschen. Der »Herr der Schöpfung« spielt ja überhaupt eine wichtige tiergeographische Rolle, leider oft genug eine recht unerquickliche. Was er bei seiner Eroberung des Erdballs an Kleingetier unfreiwillig mit sich schleppt, bedeutet in der Regel keine sehr angenehme Bereicherung der angesessenen Tierwelt, die obendrein durch solche Eindringlinge oft in sehr bedenklicher Weise verringert und zurückgedrängt, ja fast vernichtet wird. Namentlich Ratten und Mäuse, aber auch Haustiere wie Schweine und Ziegen sind in dieser Beziehung berüchtigt geworden und haben auf entlegenen Inseln eine vollständige Umwälzung des Faunencharakters herbeigeführt. Wohin immer der Mensch seinen Fuß gesetzt hat, überall ist ihm die unheimlich fruchtbare und fabelhaft anpassungsfähige Wanderratte nachgefolgt, ja sie hat sich sogar in Einöden angesiedelt, die der Mensch nur vorübergehend zu betreten vermochte, so auf den antarktischen Inseln St. Paul und Neu-Amsterdam, wohin sie wohl mit australischen Walfischfängern gekommen sein mag. Auch die sonstige Tierwelt dieser unwirtlichen und weltfernen Eilande ist ja höchst dürftig und besteht nur aus eingeschleppten Arten. So kommen nur vier Insektenarten dort vor, darunter drei Fliegen. Aber eine Ratte findet eben überall und immer noch etwas zum Fressen. Die Stubenfliege, die ursprünglich in Amerika fehlte, wurde durch den Schiffsverkehr bald dorthin gebracht und ist heute in der Neuen Welt ebenso zahlreich und weitverbreitet, wie bei uns. Die Küchenschabe zeigte von Anfang an eine Vorliebe für das Leben auf Schiffen und ist deshalb mit deren Hilfe längst zum Allerweltsbürger geworden. Europäische und nordamerikanische Regenwürmer wurden über den ganzen Erdball verschleppt und haben in vielen Ländern die einheimischen Arten in den Hintergrund gedrängt. Der Menschenfloh bevölkert die Kirchen und Paläste Mexikos ebenso zahlreich wie die Heustadel und Sennhütten unserer Alpen. Doch machen sich bei seiner Verbreitung einige Eigentümlichkeiten geltend, die noch der Aufklärung harren. So ist er nach Stoll in den mittelamerikanischen Hochländern so massenhaft vorhanden, wie vielleicht nirgends sonst auf Erden, plagt und sticht alle Volksschichten, hoch und niedrig mit der größten Gleichmäßigkeit und Unparteilichkeit, aber in dem nur wenige Stunden entfernten heißen Tiefland fehlt er gänzlich. Der scheußliche Sandfloh ist durch den Schiffsverkehr von Südamerika nach dem tropischen Afrika verschleppt und dort auf weite Strecken hin zu einer furchtbaren Landplage geworden. Die Schamlaus hat längst die Reise um die Welt gemacht, und die Bettwanze schließt sich ihr würdig an.

Ausgedehnte *Industriegegenden* können geradezu als Verbreitungsschranken gelten, die von den meisten Tieren nicht durchbrochen, sondern in mehr oder minder weitem Bogen umgangen werden. Wo der Schornsteinwald gen Himmel qualmt und die Luft mit Giftgasen schwängert, wo Sirenen und Hupen gellen und der Kraftwagen seine stinkende Bahn zieht, wo die Flüsse zu schnurgeraden Kanälen verwandelt und die Bäche durch die Abwässer der Fabriken verdreckt wurden, wo die dürftigen Kiefernwäldchen nur noch unterholzlose Streichholzkulturen sind und der Schnee schon schwarz vom Himmel fällt, da schluchzt keine Nachtigall, jauchzt kein Falke, orgelt kein Hirsch, läßt kaum noch ein verschüchtertes Häslein sich blicken, hat in der Vogelwelt der Proletarier Spatz die unbestrittene Herrschaft. Der die ganze Gegend einhüllende Qualm und Kohlenruß verleiht im Verein mit den in der Luft aufgelösten Chemikalien dem Gefieder der Vögel, dem Haarkleid der Säugetiere, dem zarten Schuppenflügel des Schmetterlings ein düsteres Aussehen, ein Trauerschwarz. Die Vögel in den englischen, belgischen und deutschen Industriezentren sehen aus wie Melanismen und könnten als besondere Rassen gewertet werden, wenn sich nicht die dunkle Färbung mit Spiritus wieder auswaschen ließe. Aber der Birkenspanner ist tatsächlich schon so weit, daß er eine melanistische Spielart dort ausgebildet hat, und auf den Ölfeldern bei Baku schoß ich schwärzliche Spatzen, deren dunkle Färbung allen Abwaschversuchen standhielt.

Wie durch Menschen, so können Verschleppungen kleiner Tiere auch durch *größere* und *höhere Tiere* erfolgen, namentlich durch *Vögel*. Die viel im Sumpf herumwatenden Stelzvögel sowie die Enten und Möwen unserer Gewässer stehen hier wohl in erster Reihe. Wenn sich ein solcher Vogel auf seiner Wanderung an irgendeinem

Teich durch eine ausgiebige Mahlzeit zur Weiterreise stärkt, kann es sehr leicht vorkommen, daß klebriger Fisch- und Schneckenlaich, ein flacher Plattwurm oder ein fadendünner Wasserschlängler an seinen Ständern oder Schwimmhäuten haften bleibt und nun in vielstündigem Fluge mehrere hundert Kilometer weit bis zur nächsten Raststelle mit fortgetragen wird. Hier begibt sich der Vogel zur Nahrungssuche wieder ins Wasser, dabei löst sich das angeklebte Kroppzeug ab und wird seinem Element zurückgegeben, soweit es die abenteuerliche Luftreise überhaupt zu überstehen vermochte. Ich glaube, daß die weitgehende Gleichförmigkeit in der Fauna der stehenden Süßwässer nicht zuletzt auf diesen Grund zurückzuführen ist. Öfter fand ich im Kropf und Magen geschossener Vögel Beutetiere, deren nächstes Vorkommen erst aus beträchtlicher Entfernung bekannt war. Ein glaubwürdiger Jäger versicherte mir, daß das Gefieder einer gleich nach dem Schuß aufgehobenen Stockente von Aalbrut, sogenannten Glasaalen, wimmelte, obgleich es in dem betreffenden Gewässer sonst keine gab. Die Ente sei eben aus einem entfernten Gewässer angestrichen gekommen. Es ist sehr bedauerlich, daß sich noch kein Naturforscher der ebenso wichtigen wie tiergeographisch hochinteressanten Frage der Verschleppung von Wassertieren durch Vögel näher angenommen hat. Ihre eingehende und planmäßige Aufhellung würde zweifellos eine Menge überraschender Tatsachen ans Tageslicht bringen.

Die Inseln

Einen besonders guten Einblick in das verwickelte Getriebe der Tierverbreitung erhalten wir, wenn wir die Verhältnisse auf den *Inseln* näher ins Auge fassen. Doch ist dabei von vornherein zu unterscheiden zwischen ozeanischen und kontinentalen Inseln. Unter ersteren sind solche zu verstehen, die unmittelbar dem Meeresschoße entstiegen sind und mit dem Festlande niemals in Zusammenhang gestanden haben, unter letzteren dagegen solche, die ursprünglich mit dem Festlande zusammenhingen und erst später durch einen infolge einer Naturkatastrophe hereinbrechenden Meeresarm abgetrennt wurden. Es leuchtet ohne weiteres ein, daß die Tierwelt solcher Inseln in allen wesentlichen Zügen derjenigen gleichen muß, die das benachbarte Festland zur Zeit der Abtrennung besaß. Bei länger andauernder Trennung werden sich allerdings beiderseits manche eigene Züge herausbilden, ohne doch den gemeinsamen Charakter wesentlich zu verwischen. Der Hauptunterschied wird sich aber dadurch herausbilden, daß spätere Einwanderer wohl das Festland zu besetzen, nicht aber den trennenden Meeresarm zu überschreiten und auf die Insel zu gelangen vermögen, soweit es sich eben um Arten handelt, für die das Meer eine unüberwindliche Schranke bildet, was ja insbesondere für die nicht fliegenden und nicht schwimmenden Säugetiere sowie für die Lurche zutrifft. Die Tierwelt der Insel wird also immer artenärmer sein als das benachbarte Festland. So hat die Insel Tasmanien eine bedeutend ärmere Tierwelt als das gegenüberliegende Neu-Süd-Wales, obgleich sie ein viel günstigeres Klima aufzuweisen hat, und ebenso kann sich die Fauna von Trinidad in keiner Weise mit der des südamerikanischen Festlandes messen. Die Inselfauna wird aus dem angedeuteten Grunde auch einen älteren und primitiveren Charakter haben als die Festlandfauna, wird vielfach gerade der höchststehenden Tiere entbehren, und manchen Großtieren, namentlich den Fleischfressern, werden kleinere Inseln gar nicht genügenden Ernährungsraum bieten können. Deshalb fehlt es aber gerade den auf Inseln wohnenden Tieren an natürlichen Feinden, und so kommt es, daß sie sich trotz ungenügender Flucht-, Verstecks- und Verteidigungsmittel auf solchen Eilanden leichter behaupten können als auf dem Festlande, wo »vorsintflutliche« Geschöpfe rascher der Übermacht und Überzahl ihrer Feinde zum Opfer fallen. So ist das einzige größere Raubtier Australiens, der hundeähnliche Dingo, auf dem Festlande durch den Menschen längst ausgerottet, lebt aber noch in Tasmanien; so hat sich die uralte Brückenechse nur auf Neuseeland zu halten vermocht, das auch die sonst ausgestorbenen Eulen- und Nestorpapageien noch beherbergt, ebenso wie die Südseeinseln alte Tauben- und Rallenarten.

Wesentlich anders, aber noch lehrreicher, liegen die Verhältnisse auf den ozeanischen Inseln. Außer Fledermäusen, eingeschleppten kleinen Nagern und künstlich angesiedeltem Jagdwild finden wir hier fast keine Säugetiere, und ebenso sind die gleichfalls wenig ausbreitungsfähigen Skorpione auf solche Arten beschränkt, die unter Baumrinde oder an menschlichen Baulichkeiten wohnen. Nicht viel besser ist es mit den Lurchen bestellt, und auch die Kriechtiere sind nur sehr spärlich vertreten. Ihr faunistisches Gepräge erhalten solche Inseln durch die Vogelwelt, von der allerdings ein großer Teil auf die Strand- und Wasservögel abgeht, die ja mehr oder minder Allerweltstiere sind. Die oft reich vertretenen Schnecken weisen ganz ähnliche Züge auf wie die Vögel, und dies spricht auch dafür, daß die Einschleppung des Schneckenlaichs durch Vögel erfolgte. Je älter eine Insel ist, desto eigenartiger wird ihre Tierwelt sein. Gerade die lange und völlige Isolierung auf Inseln ist ja der Artbildung überaus günstig. So ist die Blaumeise auf jeder Insel der Kanaren in einer eigenen Rasse vertreten, und eine auf den Galapagos heimische Spottdrosselgattung hat sich dort in 10 Arten und Unterarten zersplittert. Von den 66 Vogelarten der offenbar uralten Galapagos sind nicht weniger als 64 diesen Eilanden eigentümlich, kommen also sonst nirgends in der Welt vor! Dagegen haben die in geologischem Sinne noch sehr jungen Azoren nur eine einzige eigentümliche Vogelart unter ihren 34 Landvögeln aufzuweisen. Dies kann uns gleich als Beispiel dafür dienen, wie artenarm Inseln immerhin sind, denn genau ebenso viele Arten, also 34, hat man in dem 9 ha großen Schloßpark von Poppelsdorf gefunden und wohl noch mehr brüten in dem 5 ha großen Schloßpark von Seebach, der Besitzung des bekannten Vogelschützers Freiherrn Hans von Berlepsch. Wenn man bei uns mit offenen Augen und Ohren einen mehrstündigen Spaziergang macht, so kann man dabei gegen 50 verschiedene Vogelarten aufzeichnen, was wohl auf keiner Insel möglich wäre. Wie stark aber auf Inseln die Ausbildung eigener Formen in den Vordergrund tritt, dafür sei noch angeführt, daß von den 3375 Insektenarten der Tausende von Kilometern vom nächsten Festlande entfernten Sandwichs-Inseln 2750 zu eigenen Formen gehören. Von ihren 475 Schneckenarten sind nach Dahl nicht weniger als 331 Mitglieder der diesen Eilanden durchaus eigentümlichen Familie der Aehatinellidae, und von ihren 55 Landvögeln beherbergt jede Einzelinsel besondere Formen. Dabei läßt sich das interessante Gesetz erkennen, daß die beweglicheren Tiere, also vor allem die Vögel, längere Zeit zur Herausbildung neuer Formen brauchen als die schwerfälligen und langsamen. Daher konnte Hesse für die geologisch noch nicht sehr alte Insel Celebes in schöner und ununterbrochener Reihenfolge feststellen, daß von ihren Vögeln nur 28 % zu eigenen Arten gehören, von den Kriechtieren 36 %, von den Säugern schon 40 %, von den Schnecken aber 79 % und von den Strudelwürmern vollends 91 %. Das milde und feuchte Meeresklima der Inseln beeinflußt natürlich auch das Aussehen ihrer tierischen Bewohner. So sind die Landvögel der Inseln in der Regel dunkler als die entsprechenden Vögel des Festlandes, und bei vielen Vogelarten der Kanaren fand ich als weitere Besonderheit einen unverkennbaren Seidenglanz im Gefieder, der vielleicht auf die lebhafte, aber nicht ausdörrende Sonnenbestrahlung der »Inseln der Glückseligen« zurückzuführen ist.

Da Raubzeug auf Inseln nur spärlich vertreten ist, können sich hier die Tiere frei und unbehindert, ohne allzu ängstliche Rücksicht auf blutdürstige Feinde entwickeln. Nur auf einer Insel war eine so wundervolle und bizarre Schmuckfedernbildung möglich wie bei den Paradiesvögeln Neuguineas, denn ein derartig überladener Prunk macht seine Träger doch recht schwerfällig und unbeholfen, behindert stark ihre Fluchtfähigkeit. Bei uns würden solch eitle Prahlhänse bald durch Marder und Habicht ausgerottet sein. Im Einklang damit steht es, daß das Flugvermögen der Vögel auf Inseln zum Verkümmern neigt. Von den Südseeinseln kennen wir eine Reihe flugunfähiger Rallen, auf Mauritius lebte noch vor 250 Jahren der flugunfähige Dodo oder Dronte, eine sehr plump gebaute Riesentaube, der heute noch auf Neuseeland lebende Kiwi oder Schnepfenstrauß kann auch nicht fliegen, und auch der stattliche Eulenpapagei Neuseelands beherrscht die Kunst des Fliegens so schlecht, daß er seit der Einführung von Hunden mit raschen Schritten dem Aussterben entgegengeht. Die letztgenannten beiden Arten weisen zugleich darauf hin, daß Inseltiere sehr zu Riesenwuchs neigen. In dieser Hinsicht verdient auch der wundervoll blaue Teydefink aus Teneriffa genannt zu werden, der alle europäischen Finkenarten an Größe weit übertrifft. Bekannter sind die als Elefantenschildkröten bezeichneten riesenhaften Landschildkröten der Galapagos-Inseln, die weit davon auch auf einigen kleinen Inseln bei Madagaskar leben, und deren versteinerte Überreste man auch auf Malta gefunden hat. Besonderer Anpassung bedürfen die Inseltiere gegenüber den Windverhältnissen, da ja viele Inseln fortwährend von heftigen Stürmen umbraust werden. Hierbei konnte die Natur zweierlei Wege einschlagen, nämlich entweder die Flugkraft derart verstärken, daß sie auch erhöhten Anforderungen gewachsen war, oder sie ganz aufgeben, da sie oft mehr schadete als nützte. Ersteres ist z. B. bei dem Star der sturmumbrausten Faröer der Fall, der stärkere Flügel und einen längeren Schwanz hat als der Star des europäischen Festlandes. Dagegen würden Käfer, Heuschrecken, Schmetterlinge u. dgl. auf solchen Inseln zu einem willenlosen Spielzeug der Winde und oft in die See hinausgetrieben werden, wo ihrer der sichere Untergang wartet. Infolgedessen fliegen sie nur an sonnigen und windstillen Tagen und halten sich sonst ängstlich unter Steinen, in Felsspalten, im dichten Buschwerk versteckt. Rückbildung der doch nur ungenügenden Flugwerkzeuge kann ihnen also nur zum Vorteil gereichen. Die Kerbtierwelt der Inseln wird deshalb geradezu gekennzeichnet durch ihre vielen flugunfähigen Arten. So sind von den 550 Käferarten Madeiras gut 200 flugunfähig. Größere Säugetiere haben auf Inseln kein leichtes Leben und neigen deshalb im Gegensatz zu Kriechtieren und Vögeln nicht zu Riesenwuchs, sondern zur Bildung von Zwergrassen. Man braucht ja da nur an die geradezu winzigen, dabei aber sehr feurigen Shetland-Ponys zu denken. Ebenso sind die Hirsche auf Kuba und Korsika Zwergformen. Hasen, Tiger, Panther, Gibbons und andere sind auf Inseln immer deutlich kleiner als auf dem Festlande. Vielleicht spielt da auch der Einfluß der Inzucht mit hinein, die ja bei der naturgemäß geringen Individuenzahl großer Säugetiere auf Inseln im Laufe der Zeit unbedingt zur Geltung kommen muß. Pferde, die man von Australien aus nach den Südseeinseln verpflanzte, wurden dort schon nach wenigen Geschlechterfolgen kleiner.

Weiter kann man die Wahrnehmung machen, daß Inseltiere auch in biologischer Beziehung mancherlei Eigentümlichkeiten aufzuweisen haben. So spricht Kammerer in einem Aufsatz über die Lebensweise der Eidechsen auf den Scoglien, kleinen, kahlen Felseneilanden längs der dalmatinischen Küste, von »Inselvertrautheit«, eine Bezeichnung, die man auch für die meisten Brutvögel einsamer Inseln sehr wohl anwenden könnte. Im Einklang damit zeichnen sich solche Eidechsen, die sehr zur Ausbildung himmelblauer, schokoladefarbener und schwärzlicher Rassen neigen, durch trägere Lebensweise, geringere Gewandtheit, Mangel an Schnelligkeit und plumperen Körperbau aus. Nur aufs Felsenklettern verstehen sie sich vorzüglich und haben durchgängig dickere Schwänze als ihre Verwandten auf dem Festlande. Schon Darwin fiel ja die große Zahmheit der Meerechsen und Drusenköpfe auf den Galapagos auf im Gegensatz zu der großen Scheu der festländischen Leguane. Die Tiere fühlen sich offenbar auf kleinen Inseln sicherer vor Raubzeug und Menschen als auf dem Festlande, und für ganz kleine Eilande gilt dies in noch erhöhtem Grade.

Die Artenzahl der Tiere ist auf kleineren Inseln gering, denn sie wird ja weniger bedingt durch die Arten, die der Zufall herbeiführte oder die im Augenblicke der Abtrennung vom Festlande gerade vorhanden waren, als vielmehr durch die wenigen Formen, die sich unter so beschränkten Verhältnissen auf die Dauer auch wirklich zu halten wußten. Diese wenigen Arten aber werden um so inniger aufeinander angewiesen sein, werden sich in ihren Gewohnheiten um so enger verflechten, also eine sehr ausgesprochene Lebensgemeinschaft bilden. So hat Kammerer bei den Eidechsen der Scoglien sehr hübsche Beziehungen zu den dort brütenden Möwen aufgedeckt, so daß man schon von einem Mutualismus reden kann. Die in einer Möwenkolonie herumliegenden faulen Fische und der massenhaft abgesetzte Kot der großen Vögel locken natürlich viele Fliegen und anderes Geschmeiß an, also erwünschte Beutetiere für die Eidechsen. Kammerer beobachtete aber auch, daß die Eidechsen den jungen Nestmöwen unter die Flügel krochen, um sich hier Milben und andere Außenschmarotzer zu holen, und niemals sah er, daß sich die Möwen irgendwie feindselig gegen die Echsen gezeigt hätten.

Artenarmut und Individuenreichtum gehören fast untrennbar zusammen, und zwar ist die Individuenmenge verhältnismäßig um so größer, je kleiner eine Insel ist. Auf den steil dem sturmgepeitschten Meere entsteigenden Vogelbergen und auf den raubtierfreien Vogelholmen der nordischen Meere drängen sich oft wenige Vogelarten in geradezu fabelhafter Menge zusammen, wobei sie auf den Klippen etagenförmig übereinander wohnen, während auf den Holmen die Nester so dicht beisammen stehen, daß man nicht zwischen ihnen hindurchgehen kann, ohne beständig Eier zu zertreten. In solchen Massen tummeln sich die beschwingten Siedler, daß sie die Felsen färben, wenn sie sitzen, die donnernde Brandung übertönen, wenn sie schreien, die Sonne verdunkeln, wenn sie fliegen. Wer jemals selbst das Tun und Treiben an einem solchen Platze geschaut hat, der wird sich nicht darüber wundern, daß der seit Jahrhunderten an solchen Stellen abgesetzte Kot der Vogelmassen unter günstigen Erhaltungsbedingungen schließlich mächtige Guanoschichten bildet. Schauinsland hat uns all dies in höchst anschaulicher Weise von der einsamen Insel Laysan geschildert, wie dort an den Nistplätzen der Seevögel das Recht des Besitzenden mit grausamster Folgerichtigkeit sich durchsetzt. Die früher Ankommenden hatten die besten Plätze mit Beschlag belegt, und ihre Nachkommenschaft gedieh prächtig, die Verspäteten aber mußten sich mit den schlechtesten Stellen begnügen, und hier sah man in großer Zahl verkommene Vogelkinder mit struppigem Gefieder und wunden Beinen. Hier herrschte erschreckende Kindersterblichkeit, und Hunderte von verwesenden Leichen lagen herum.

Die Eiszeit

Einen sehr bedeutenden Einfluß auf die Verteilung der heutigen Tierwelt hat die *Eiszeit* mit ihren Folgeerscheinungen gehabt, obgleich es verkehrt ist, nun alles auf sie zurückführen zu wollen, wir wissen aus der Erdgeschichte, daß Europa sich zur Tertiärzeit eines außerordentlich milden, subtropischen Klimas erfreute, und aufgefundene Versteinerungen beweisen uns, daß damals, z. B. im Pariser Becken, bunte Papageien sich auf rauschenden Palmenwipfeln schaukelten. Dann aber trat eine starke Abkühlung ein, die weithin alles Leben vernichtete oder verdrängte und in den Sagen aller Völker als »Sintflut« wiederkehrt. Schweden und Finnland hüllten sich in einen Eispanzer, und von da aus drangen die Gletscher siegreich nach Mitteleuropa vor bis zum Harz und zum Riesengebirge, wo mir noch heute das von ihren Endmoränen abgesetzte Felsgeröll antreffen. Ebenso setzten sich die Gletscher unserer Hochgebirge in Bewegung und bedeckten von den Hochalpen aus die ganze Schweiz und Süddeutschland bis zum Jura sowie einen großen Teil der lombardischen Ebene. Damals kamen im Gefolge der Kälte so ausgesprochen nordische Tiere wie Vielfraß, Polarfuchs und Renntier nach Deutschland, und die Gemsen, Steinböcke und Murmeltiere der Alpen stiegen in die Ebene hinab. Die wärmegewöhnte tertiäre Tierwelt aber wurde durch diese wahrscheinlich dreimal wiederholten Eisvorstöße entweder vernichtet oder verdrängt, soweit sie sich nicht den so gründlich veränderten Verhältnissen anzupassen wußte. Die Abwanderung erfolgte naturgemäß nach zwei Seiten hin, nach Südwesten und nach Südosten, und so wurden viele Arten durch die wie ein Keil ins Herz Europas vordringenden Eismassen in zwei Stämme gespalten, die Jahrtausende hindurch völlig voneinander getrennt blieben. Während dieser Zeit wirkten auf jeden Stamm die Einflüsse der neuen Heimat ein, die also auch verschiedenartige Abänderungen hervorrufen mußten. Beim späteren Zurücktreten und Abschmelzen der Eismassen rückten dann die Verdrängten von beiden Seiten her auf verschiedenen Wegen allmählich wieder in die alten Wohngebiete ein und mußten hier schließlich wieder mit den früheren Artgenossen zusammentreffen. Nun kam es darauf an, wie weit die durch die Isolierung und durch die Eigenart der neuen Heimat bewirkten Veränderungen schon vorgeschritten waren. Waren sie so stark geworden, daß darüber die gegenseitige geschlechtliche Anziehungskraft verloren gegangen war, so daß eine geschlechtliche Vermischung trotz räumlicher Wiedervereinigung nicht mehr oder nur ausnahmsweise stattfand, so hatten sich neue Arten (Realgattungen, Formenkreise) gebildet. Ein gutes Beispiel dafür ist unser Baumläufer, der durch die Eiszeit in zwei Arten gespalten wurde, nämlich den langkralligen und kurzschnäbligen Waldbaumläufer (Certhia familiaris) und den kurzkralligen und langschnäbligen Gartenbaumläufer (Certhia brachydactyla), die jeder für sich wiederum verschiedene geographische, in den einzelnen Teilen des Verbreitungsgebietes sich vertretende Rassen bilden. Beide Arten leben heute in Deutschland neben- und untereinander, ohne sich aber zu vermischen. Waren dagegen die Veränderungen so geringfügig, daß die Tiere bei ihrem Wiederzusammentreffen auch geschlechtlich sich wieder vermischten und fruchtbare Bastarde erzeugten, so ist die Art als solche geblieben, und es sind nur verschiedene Rassen *(conspecies)* von ihr entstanden. Dies ist z. B. der Fall bei unserer Schwanzmeise, die im Osten eine rein weißköpfige, im Westen eine streifenköpfige Form ausgebildet hat, während Mitteldeutschland von einem Mischmasch aller nur erdenklichen Bastardabstufungen zwischen beiden bewohnt wird (Abb. 5).

Abb. 5

I. Weißköpfige Schwanzmeise aus Ostpreußen
II. Streifenköpfige Schwanzmeise aus der Rheingegend
III. Mischling von I und II aus Mitteldeutschland

Bezeichnend ist auch, daß die einem rauheren Klima ausgesetzte Ostform ein viel dickeres und pelzartigeres Gefieder hat als die Westform. Bei manchen Arten ist die Wiederverschmelzung schon vollständig geworden, so daß nur noch die starke individuelle Variation des Gefieders die ursprünglich getrennten Stammeltern verrät. So ist unser heutiger Mäusebussard meiner Meinung nach aus der Verschmelzung einer weißlichen Ost- und einer bräunlichen Westform hervorgegangen. Unverfälschte Reste der westlichen Stammform (Buteo vulgaris insularum Floer.) fand ich noch auf den Kanarischen Inseln, wo sie sich infolge der Absonderung reinblütig erhalten konnten. Bei der schwarzen Raben- und der grauen Nebelkrähe vollzieht sich derselbe Prozeß gerade in der Gegenwart, sozusagen vor unseren Augen. Solche Tiere nun, die sich dem sibirischen Klima der Eiszeit angepaßt und zwischen den beiden großen Gletscherwelten ausgeharrt hatten, fühlten sich bei der Rückkehr der Wärme natürlich wenig behaglich und zogen sich deshalb in die Gebirge zurück, wo die Verhältnisse doch noch einigermaßen den angenommenen Lebensgewohnheiten entsprachen. Als die Gletscher vollends weggeschmolzen waren, blieben sie als Überbleibsel der Eiszeit auf ihren Bergen vereinsamt sitzen und bilden heute die sogenannte *Reliktenfauna*. Hierher gehören z. B. der Schneehase und das Schneehuhn der Alpen sowie gewisse Platt- und Schnurwürmer der schweizerischen Seen, wohl auch der schöne Apollofalter mit seinen vielen Abarten (Abb. 6). Man hat freilich auch viele Tiere zu Eiszeitrelikten zu stempeln versucht, die es in Wirklichkeit gar nicht sind, sondern die ihre Eigenart lediglich durch Anpassung an besondere Verhältnisse der Umwelt erworben haben.

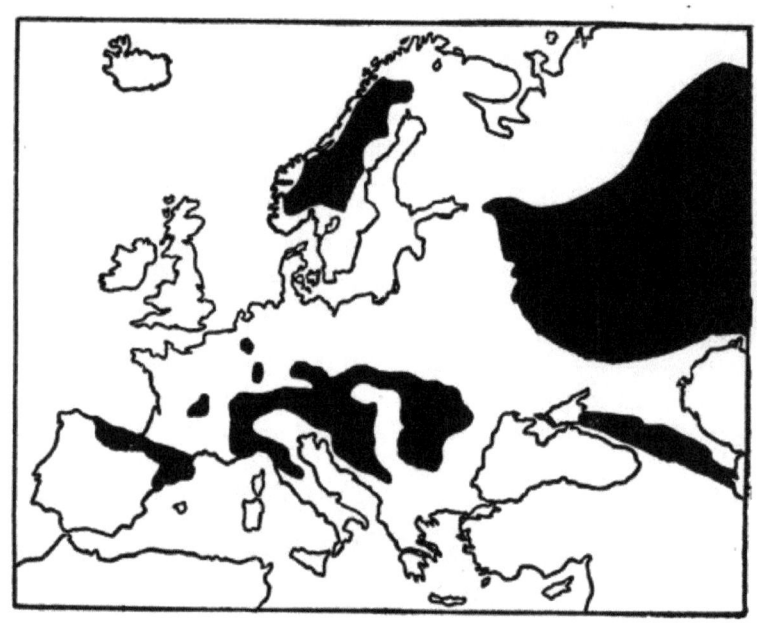

Abb. 6. Verbreitung des Apollofalters
Nach R. F. Scharff

Man beachte die Beschränkung auf Gebirgsgegenden

Die Gebirge und ihre Höhengürtel

Ringsum von schroff abfallenden Gebirgszügen eingeschlossene Hochebenen wirken faunistisch gewissermaßen als Inseln, da ihre dem Leben in solcher Höhe eigenartig und weitgehend angepaßte Tierwelt kaum imstande ist, ihre Heimat zu verlassen oder neuen Zuzug von außen zu erhalten. Es liegt also auch hier eine fast vollständige Isolierung vor, die natürlich die Ausbildung neuer Tierarten begünstigt. Das treffendste Beispiel hierfür ist Tibet, wo wir noch in 3600 Meter Höhe ein überraschend reiches Tierleben finden. Nicht weniger als 46 Säugetiere kommen dort vor, und 30 davon bilden eigene Arten. Man muß sich nur wundern, daß z. B. ein so gewaltiges Wildrind wie der bösartige, 4¼ Meter lange und zum Schutz gegen die rasenden Schneestürme in eine dichte Wollmähne gehüllte Jak oder Grunzochse überhaupt in solchen Einöden zu leben vermag, in denen unser verwöhntes Herdenvieh wahrscheinlich elend verhungern würde. Fast noch vollständiger als auf Inseln und Hochebene ist die Absperrung der Tierwelt in *Höhlen*. Geschöpfe, die dem unterirdischen Höhlenleben durch Farbenverlust und Augenschwund weitgehend angepaßt sind, werden ebensowenig wie ihre Vorfahren und Nachkommen ihre Zufluchtsstätte ungestraft verlassen können.

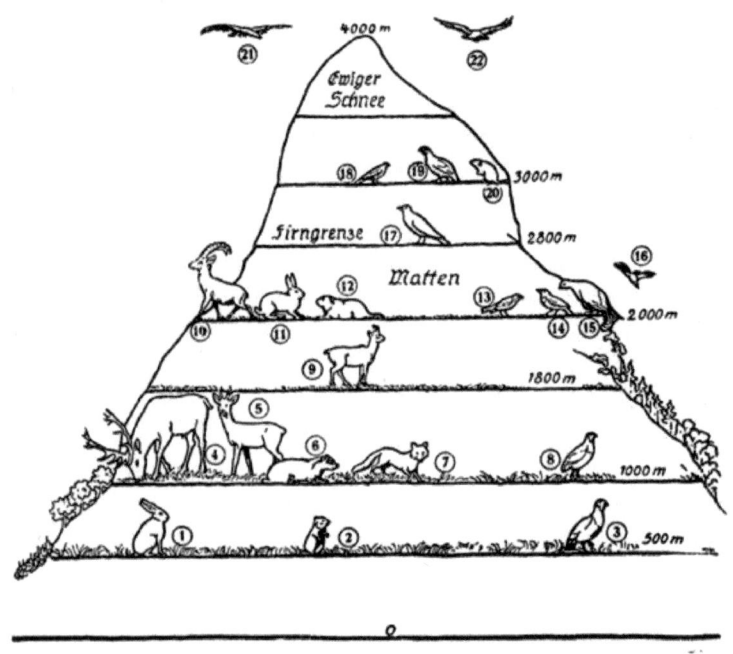

Abb. 7. Vertikale Verbreitung der Tiere im Alpengebiet
1. Feldhase. 2. Hamster. 3. Rebhuhn. 4. Edelhirsch. 5. Reh. 6. Dachs. 7. Fuchs. 8. Wachtel. 9. Gemse. 10. Steinbock, 11. Alpenhase. 12. Lemming. 13. Flüevogel. 14. Ringdrossel. 15. Birkhuhn. 16. Mauerläufer. 17. Alpendohle. 18. Schneefink. 19. Schneehuhn. 20. Schneemaus. 21. Steinadler. 22. Bartgeier (jetzt ausgestorben)

Ersteigt man ein aus der Ebene oder unmittelbar vom Meeresstrande aus aufstrebendes *Hochgebirge*, so lernt man unterwegs in den verschiedenen *Höhengürteln* eine sehr verschiedenartige Tier- und Pflanzenwelt kennen, die uns zugleich in gedrängter Übersicht und in wenigen Vertretern ein Bild der mit der abnehmenden Wärme verarmenden Fauna bietet. Auf unserer Abbildung habe ich diese Verhältnisse für einen typischen Alpenzug zu veranschaulichen gesucht (Abb. 7). Wir begegnen zuerst den Tieren der Kultursteppe und der Obstpflanzungen, dann denen des Laub- und höher hinauf denen des Nadelwaldes, weiter denen des Knieholzes und des Latschengestrüpps, hierauf denen der Alpenmatten, den Bewohnern der nackten Felsen, bis endlich in der Region der Hochgletscher und des ewigen Schnees das Leben allmählich völlig erstirbt. Noch deutlicher und schärfer treten diese Verhältnisse bei tropischen Hochgebirgen zutage, die unmittelbar dem Meere entsteigen. In den südamerikanischen Anden kann man in der Tat, wie der Maler und Vogelforscher Göring sich ausdrückte, in wenigen Tagen »vom tropischen Tiefland zum ewigen Schnee« gelangen und dabei eine entsprechende Tierwelt an sich vorüberziehen lassen. Ähnliches habe ich in Teneriffa erlebt. Die unterste der dortigen Vertikalzonen trägt in der Pflanzenwelt nahezu tropisches Gepräge, das aber bei der höheren Tierwelt nicht zum Ausdruck kommt. Wo der Garten eines reichen Handelsherrn die Sinne durch verschwenderischen Reichtum von Blüten, Farben und Düften entzückt, da schallt uns gewiß der volle Jubelschlag des kanarischen Schwarzplattels entgegen, und auf den Fächerkronen der prachtvoll gewachsenen Dattelpalmen wiegt sich das reizende kanarische Turmfälkchen. Dann folgt ein subtropischer oder mediterraner Gürtel, steil aufsteigend und von einer Unzahl tief eingeschnittener Schluchten zerrissen, in denen Felsentauben und Einfarbsegler ihre Nester haben und über denen majestätisch der schwarzweiße Aasgeier schwebt. Langweilige Kakteenpflanzungen, knorrige Feigen-, melancholische Ölbäume und eine riesige Wolfsmilchart sind die hervorstechendsten Pflanzen. Auf den staubigen Pfaden trippelt der nette Wegpieper, und aus dem Gestrüpp ertönt das schwatzende Lied der lieblichen Brillengrasmücke. Man atmet förmlich auf, wenn man einige hundert Meter höher in den landschaftlich so reizvollen Gürtel der Laubwälder eindringt. Kastanien, Lorbeer und der riesige Til setzen diese hauptsächlich zusammen, und in den Wipfeln dieser Bäume gurrt die prachtvolle Lorbeertaube. Um die Laubwälder herum ziehen sich gewöhnlich in breitem Gürtel dichte Bestände der reizenden Erika, zwischen deren zart rosenweiße Blütenbüschel der Kanarienvogel sein weiß gepolstertes Nestchen birgt. An die sauberen Dörfchen schmiegen sich blühende Mandelhaine, duftende Zitronen- und Orangengärten. Hier probt der Lorbeerfink seinen schmetternden Schlag, singt das Brillantrotkehlchen seine wehmütige Strophe, huschen Teneriffameisen mit leisen Lockrufen durchs Dickicht, beleben Scharen von Kanarienvögeln die Fluren, Steinsperlinge die Ortschaften. Nun folgt der Gürtel der

Nadelwälder mit erheblich rauherem Klima, mit frischgrünen Wiesenflächen und urwaldartigen Beständen der Kanarenfichte. Hier ist die ausschließliche Heimat des wunderbar blauen Teydefinken wie auch des kanarischen Buntspechtes. Als letzte folgt schließlich die Hochgebirgszone mit niedrigem Gestrüpp und alpinen Blumen, ganz oben nur kahle Schutt-, Geröll- und Aschendecken darbietend, die bei rauher Witterung ein Schneeteppich mitleidig verhüllt. Als Kennvögel kommen hier fast nur noch Würger und Drosseln vor.

Widerstandskraft und Anpassungsfähigkeit

Wenn wir den Einfluß der Örtlichkeit auf das Tier sowie dessen *Widerstandskraft und Anpassungsfähigkeit* etwas näher betrachten wollen, so halten wir uns am besten an die Extreme, weil bei diesen die bezüglichen Erscheinungen in den schärfsten Umrissen vor unser Auge treten. Die Polartiere und ebenso die Hochgebirgstiere müssen sich vor allem gegen die eisige Kälte, die furchtbaren Schneestürme und die feuchten Nebel ihrer unwirtlichen Wohnorte schützen. Das geschieht zunächst durch eine ungewöhnlich starke Ausbildung ihres *Pelzwerkes* oder ihres *Gefieders*. Pelzhändler bieten für ostpreußische Fuchsfelle erheblich höhere Preise als etwa für mecklenburgische und für diese wieder höhere als für süddeutsche. Also schon auf dem beschränkten Raume Deutschlands macht sich eine sehr verschiedene Einschätzung der Fuchspelze geltend, die sich natürlich nach Länge, Schönheit und Dichtigkeit der Behaarung richtet, mit anderen Worten nach dem Klima. Ziehen wir aber auch die hochnordischen Fuchsformen in den Rahmen unserer Betrachtung ein, so finden wir, daß für ihre Bälge der hundertfache Preis gewöhnlicher Fuchsfelle gezahlt wird, weshalb man ja begonnen hat, Weiß-, Blau-, Schwarz- und Silberfüchse in besonderen Fuchsfarmen zu züchten, Bestrebungen, die unter Umständen hohen Gewinn abwerfen können und die deshalb neuerdings auch in Deutschland festen Fuß gefaßt haben. Wie prachtvoll sind Moschusochse und Renntier gegen die Kälte geschützt! Jener ist in einen 60–80 cm langen Behang förmlich eingewickelt, auch Gesicht und Ohren gut geschützt, bei diesem sind die groben, lufthaltigen Grannenhaare so dicht gestellt und so innig untereinander verfilzt, daß auch der ärgste Schneesturm sie nicht auseinander zu blasen vermag. Der dicke, zottige Pelz des Amurtigers im Gegensatz zu der dünnen Behaarung des Sundatigers fällt auch dem Laien auf den ersten Blick auf. Dagegen sind Tiere mit nackten Gesichtsteilen und Gesäßschwielen überhaupt nur in warmen Ländern denkbar, so gewisse Affen, ebenso nackthalsige Vögel wie Geier, Perlhühner, Marabus. Die nur in südlichen Gebirgsgegenden lebenden Steinhühner und die ihr Verbreitungsgebiet bis ins tropische Afrika hinein ausdehnenden und unserem Winter durch Wanderung sich entziehenden Wachteln haben unbekleidete Füße, die Auer-, Birk-

und Haselhühner dagegen, die weit nach Norden reichen und den Winter über bei uns ausharren, zeigen befiederte Läufe, und bei den hochnordischen, aber auch in den Hochalpen lebenden Schneehühnern sind sogar die Zehen dicht befiedert. Ein weiterer Kälteschutz wird bei vielen Nordländern durch die Ausbildung einer dicken *Speckschicht* unter der Haut erreicht. Wie wirksam er ist, und wie wenig Körperwärme deshalb an die eisige Außenwelt abgegeben wird, geht daraus hervor, daß eine Robbe oder ein Walroß viele Stunden lang auf einer Eisscholle liegen kann, ohne daß auf dieser die geringste Schmelzwirkung sichtbar wird. Wird ein solches Tier erlegt und steckt man dann einige Stunden später beim Aufbrechen seine Hand in die Körperhöhle, so fährt man schier betroffen zurück ob der hier herrschenden Backofentemperatur. Natürlich können solche Fettansammlungen nebenbei auch als Nahrungsspeicher dienen, wie ja auch unser Dachs sich erst ein gehöriges Ränzlein anmästet, ehe er zum Winterschlafe den tiefsten Kessel seines zerklüfteten Baues bezieht, um im Frühjahr klapperdürr wieder zum Vorschein zu kommen; der täppischdumme und doch auch wieder so schlaue Polarfuchs sucht sich dadurch anders zu helfen, daß er für die Zeit der Not Vorräte sammelt. Er muß eigentlich als der Erfinder des Eiskellers gelten, weil er sich kellerartige Höhlungen im Schnee ausscharrt und in diesen die erbeuteten Schneehühner bis zum jeweiligen Verbrauch aufhebt.

Ein bekanntes mathematisches Gesetz besagt, daß größere Körper der Umwelt eine verhältnismäßig geringere Angriffsfläche darbieten als kleinere. Demzufolge müßte eine fortschreitende Größenentwicklung nach den Polen zu für die Tierwelt vorteilhaft sein, und in der Tat trifft sie im allgemeinen zu, wenigstens für die eigenwarmen Tiere. Man hat diese Erscheinung in wissenschaftlichen Kreisen als die »Bergmannsche Regel« bezeichnet, aber sie war unter den Vogelforschern schon lange vor dem Auftreten Bergmanns bekannt. So kann man die Pinguine nach den Breitengraden ihres Vorkommens geradezu in Reih und Glied aufstellen, wobei sie wie die Orgelpfeifen immer größer werden, beginnend mit dem nur 48 cm langen **Eudyptla minor** auf dem 46. Grad s. Br. und nun über zahlreiche Zwischenstufen fortschreitend bis zu dem 100–120 cm hohen **Aptenodytes forsteri** auf dem 61. Breitengrad. Matschie maß die Schädellänge von Wildschweinen verschiedener Herkunft und erhielt bei Stücken aus Südspanien 325, Nordspanien 350, Mitteleuropa 380–410, Rußland 465 mm im Durchschnitt, also schon innerhalb Europa eine ununterbrochene Größenzunahme nach Norden zu. Der Uhu hat nach Hartert in Nordafrika eine Flügellänge von 345–390, in Spanien von 440–470, in Mitteleuropa von 430 bis 490, in Westsibirien von 450–515 mm. Ähnliche Beispiele ließen sich noch viele aufzählen, da aber bekanntlich jede Regel auch ihre Ausnahmen hat, so sei der Vollständigkeit halber noch angeführt, daß merkwürdigerweise die Auerhähne unseres Schwarzwaldes durchgängig stärker sind als jene aus schwedischen und russischen Wäldern. Auch kann nicht scharf genug betont werden, daß die Bergmannsche Regel sich lediglich auf Säugetiere und Vögel bezieht, dagegen schon bei den wechselwarmen Wirbeltieren in das Gegenteil sich verkehrt. So bilden die Eidechsen in nördlicheren Ländern offenbar nur noch Kümmerformen aus, sei es wegen der schlechteren Ernährungsverhältnisse, sei es wegen der längeren Winterdauer. Die Zauneidechsen bei Petersburg erreichen nur &&8532; der Länge der unsrigen, dagegen sind sie im Mittelmeergebiet um die Hälfte größer als bei uns; die Smaragdeidechsen messen dort sogar das Doppelte. Vielleicht wurde der erste Anstoß zur Größenzunahme der eigenwarmen Tiere im Norden, die sich dann als vorteilhaft erwies und daher durch natürliche Zuchtwahl weiter entwickelt und befestigt wurde, dadurch gegeben, daß bei niedrigen Wärmegraden der Eintritt der Geschlechtsreife erfahrungsgemäß verzögert, dem Tiere also ein längerer Zeitraum zum individuellen Auswachsen vergönnt wird als in heißen Ländern. Bei den Zugvögeln könnte man sehr wohl aber auch daran denken, daß die nordischen Formen sehr weite Wanderungen zurückzulegen haben, daß also ihre Flugwerkzeuge besonders stark in Anspruch genommen werden, und bekanntlich trägt starker Gebrauch sehr zur Entwicklung der betreffenden Organe bei. Es ist ein gewaltiger Unterschied, ob ein Steinschmätzer jährlich zweimal den Weg von Island nach Afrika machen muß, oder ob er nur von Spanien aus dorthin übersetzen braucht, falls er es nicht überhaupt vorzieht, in seiner milden Heimat zu verbleiben. Hesse hat darauf aufmerksam gemacht, daß im Anschluß an die nach dem Klima sich regelnden Größenverhältnisse sich in den einzelnen Faunengebieten bestimmte *Riesen-* und *Zwergzentren* herausgebildet haben. Für das paläarktische Gebiet liegt das Zentrum für Zwergformen in den Mittelmeerländern, insbesondere in Algerien, wo z. B. die Amseln nur 119–124 mm Flügellänge haben gegenüber 130–132 in Deutschland und die Kolkraben 390–400 mm gegenüber 430 bis 450 in Mitteleuropa. Unser Größenzentrum ist dagegen im nordöstlichen Sibirien zu suchen, namentlich auf der Tschukschenhalbinsel. Für Nordamerika kann Niederkalifornien als ein ausgesprochenes Zwergenzentrum gelten, indem z. B. der Viehstar nur 100 mm Flügellänge erreicht gegenüber 110 im gemäßigten Nordamerika, die Spottdrossel nur 111 gegenüber 118 in Arizona, die Schleiereule nur 324 gegenüber 338 in Maryland. Größenzentrum ist dagegen Alaska, wo wir die riesenhaftesten Bären und Elche finden; man kann auf Jagdausstellungen nicht ohne einen Schauer von Ehrfurcht vor den ausgestopften Köpfen kapitaler Elchschaufler aus Alaska stehen bleiben. Wie kümmerlich und zwergenhaft erscheinen ihnen gegenüber doch die ostpreußischen Elche! Das tropische Afrika besitzt in dem dürren Somaliland ein richtiges Zwergengebiet, aus dem z. B. Graf Zedlitz-Trützschler allein 40 Vogelarten anführt, die hier wesentlich kleiner sind als in den Nachbarländern. Der Panther des Somalilandes ist mit nur 142 mm Schädellänge gegenüber sonst 173 ein wahrer Zwerg, ebenso der dortige Hyänenhund mit 168 gegenüber 184 bei Stücken aus Deutsch-Ostafrika. Der Somalilöwe ist der kleinste von allen, der licht und schwach bemähnte Senegallöwe ist deutlich größer, wird aber von dem dicht und dunkel bemähnten Berberlöwen übertroffen, und der größte von allen ist der dunkelmähnige Kaplöwe, dessen Länge man mit mehr als 3 m gemessen hat.

Abb. 8

Kopf von a Eisfuchs (Canis lagopus), b unserem Fuchs (C. vulpes) und c Wüstenfuchs (C. cerdo).
Nach Hesse

Die Richtigkeit der Bergmannschen Regel wurde auch durch Versuche bestätigt: Weiße Mäuse, die Sunner bei erhöhter Temperatur züchtete, wurden schon nach wenigen Geschlechterfolgen kleiner, die in abgekühlten Räumen gehaltenen dagegen größer. Dabei stellt sich aber noch eine sehr merkwürdige Erscheinung heraus: Die im Warmen gezüchteten Mäuse bekamen nämlich trotz ihrer Größenabnahme längere Ohren und Schwänze. Diese Erfahrung steht keineswegs vereinzelt da. Jeder Kaninchenzüchter weiß ja, daß die sehr langohrigen Rassen sich in warmen, womöglich geheizten Ställen am vollkommensten züchten lassen.

Abb. 9

a Schneehase. b Alpenhase. c Feldhase. d Wüstenhase

Dies führt uns auf ein weiteres Gesetz, denn auch in freier Natur können wir dieselbe Erfahrung machen. Schon beim Renntier fallen uns die kurzen Lauscher im Gegensatz zu unserem Rotwild auf; wie gewaltig wird aber erst der Unterschied zwischen nordischen und tropischen Formen, wenn wir etwa den Schafochsen mit der Gazelle oder Giraffe vergleichen. Dort alle Anhängsel des Körpers soweit als möglich verkürzt, die stämmigen Läufe so niedrig als möglich, das Ganze gedrungen und zusammengefaßt, recht wenig Oberflächenentwicklung, ein Bild von Kraft und Zähigkeit. Hier die Ohren lang, die Läufe dünn und hoch, der Hals schlank, viel Oberflächenentwicklung, das Ganze ein Bild flüchtiger Zierlichkeit und Anmut. Wir haben ja schon gesehen, daß es im Interesse der Polartiere liegt, der ungemütlichen Außenwelt eine möglichst geringe Angriffsfläche darzubieten, und hierher gehören vor allem so empfindliche Körperteile, wie es die Ohrmuscheln sind. Aus unserer Abbildung ersehen wir sehr schön die allmähliche Verkürzung der Ohren nach Norden hin. Der Wüstenfuchs hat bedeutend längere Ohren als unser gewöhnlicher Fuchs und dieser wieder viel längere als der Polarfuchs (Abb. 8). Ganz ähnlich bei den Hasen, wo der Schneehase kürzere Löffel besitzt als unser Feldhase, auch kürzere als der Alpenhase, während bei den schmächtigen Hasen Nordafrikas die Löffel auffallend lang sind (Abb. 9). Dieselbe Regel bei den Mäusen: die kurzschwänzigen und kleinohrigen Wühlmäuse leben in nördlicheren Gegenden, während die großohrigen und langschwänzigen echten Mäuse wärmere Länder bevorzugen. Tiere mit so gewaltiger Oberflächenentwicklung wie Flughunde und Vampire passen überhaupt nicht in die Arktis, sondern lassen von vornherein vermuten, daß sie sich nur unter warmen Breitengraden wohl fühlen. Vögel, die sich viel in hohe, dünne und kalte Luftschichten erheben, brauchen ein vollständigeres Federkleid als solche, die sich zumeist am Erdboden oder dicht über ihm aufhalten. Deshalb kann es nicht überraschen, daß bei Raubvögeln die Federn 10–14 % des Körpergewichtes ausmachen, bei Hühnervögeln dagegen nur 7–9 %. Die Vögel sind ja bezüglich des Wärmehaushalts den Säugern gegenüber überhaupt sehr im Vorteil, denn sie haben keine äußeren Ohren, ihr Schwanz besteht nur aus Federn, ihr Fuß enthält nur sehr wenig Muskelfleisch, sondern fast nur Haut und Knochen, Horn und Sehnen. In der dünnen und kalten Luft der Polargegenden und des Hochgebirges steigert sich der Stoffwechsel, und dadurch werden erhöhte Anforderungen an die Herztätigkeit gestellt, was mit einer Vergrößerung des Herzens Hand in Hand geht. Hesse hat in dieser Beziehung sehr lehrreiche Tabellen zusammengestellt. Danach beträgt z. B. das Herzgewicht von Feldsperlingen aus Petersburg 15,74 ‰ des Körpergewichts, in Norddeutschland 14 ‰, in Württemberg nur nach 13,1 ‰. Ebenso auffällig sind die Unterschiede im Herzgewicht zwischen den bei uns brütenden Vogelarten und ihren nordischen Verwandten, die uns nur im Winter besuchen. Wir haben also im Herzgewicht ein ganz feines und empfindliches Anzeigewerk für die Herkunft der Tiere vor uns. Der im Winter bei uns bleibende Raubwürger hat ein verhältnismäßig höheres Herzgewicht als der die rauhe Jahreszeit im Süden verbringende Dorndreher, obgleich beide derselben Gattung angehören.

Eine auffallende Erscheinung des *Polargebietes* ist das Überwiegen der *weißen* Farbe im Haarkleid der Säugetiere und im Federkleide der Vögel. Das Hermelin z. B. ist in der Arktis das ganze Jahr über weiß, bei uns nur im Winter, den Sommer über dagegen braun, und in Italien wird es auch im Winter nicht weiß. Eisbär und Schneehase sind dauernd weiß, Renntier und Lemming wenigstens im Winter. Ebenso spielt die weiße Farbe im Gefieder der Schneeeulen, Schneehühner, Jagdfalken und Schneeammern die erste Rolle, und die formenreiche Gruppe der lustigen Leinzeisige wird um so heller und weißlicher, je weiter wir nach Norden kommen. Es liegt nahe, das Weiß als eine Schutzfärbung, als eine Anpassung an die weiten Schneeflächen aufzufassen, und beim Schneehuhn z. B. wird das wohl auch stimmen, denn die Beobachter heben fast alle hervor, daß es ängstlich solche Plätze vermeidet, mit denen seine Gefiederfärbung nicht zusammenklingt. Bei so wehrhaften Geschöpfen aber, wie es Eisbären und Schneeeulen sind, die außer dem Menschen kaum irgendwelche Feinde in ihrer öden Heimat haben, kann das nicht zutreffen, und es könnte hier höchstens von einer »Anschleichfarbe« die Rede sein, die es erleichtern soll, ungesehen an die erspähte Beute heranzukommen. Für die fliegend jagende Schneeeule, die auch bei Tag recht gut sieht, paßt aber auch diese Erklärung nicht. Wenn nun Hesse meint, daß auch die Weißfärbung zur Erhaltung und Steigerung der Körperwärme beitrage, so kann ich mir das nicht gut denken, denn wenigstens bei uns Menschen steigert gerade schwarze Kleidung die Körperwärme, während wir weiße Gewänder anlegen, wenn es uns zu warm wird. Zuchtversuche, die sich allerdings fast ausschließlich auf Schmetterlinge beschränkten, haben bewiesen, daß Wärme aufhellend, Kälte aber gerade schwärzend auf die Färbung der den so behandelten Puppen entschlüpfenden Falter einwirkt. So hat man aus Puppen des Kleinen Fuchses bei Kältebehandlung Falter bei uns erzielt, die der lappländischen Rasse dieses Schmetterlings glichen, während sie bei Wärmebehandlung der sardinischen täuschend ähnlich waren. Auf diesem Gebiete sind offenbar noch viele Rätsel zu lösen. Der Moschusochse ist dunkelbraun, der Kolkrabe tiefschwarz, beide also auf Schneegefilden weithin sichtbar. Offenbar haben aber beide Kälteschutz viel nötiger als Schutzfarben, und ich glaube deshalb, daß auch in der Arktis ein dunkles Gewand zur Wärmeerhöhung beiträgt. Anscheinend liegen Kälteschutz und Schutzfarbe hier in einem Wettkampf, der z. B. beim Polarfuchs noch nicht zum Austrag gekommen ist, weshalb wir dieses Tier in den verschiedensten Farben finden (Abb. 10).

Wie die Bewohner der Arktis gegen Kälte und Feuchtigkeit gewappnet sein müssen, so die der heißen und dürren *Wüste* gegen Durst und Trockenheit. Die Wüstentiere haben denn auch alle etwas Gemeinsames, sonst in der Natur nicht wiederkehrendes, wenigstens was die Säuger und Vögel betrifft. Schlank, hochbeinig, langschwänzig, großohrig, glotzäugig, scharfsinnig, fahl, sandfarbig erscheint alles, was in der Wüste leibt und lebt. So eintönig die Wüstenfauna auch erscheint, so artenarm sie in Wirklichkeit auch ist, so eigenartig ist sie doch und in geradezu wunderbarer Weise dem für sie so sehr erschwerten Kampf ums Dasein angepaßt. Dies ist z. B. bezüglich der schützenden Sandfarbe selbst bei den flüchtigsten Geschöpfen, den Vögeln, in so hohem Grade der Fall, daß der Fachmann etwa bei einer vorgelegten Leiche sofort sagen kann, ob sie aus der Sahara oder aus der transkaspischen Wüste stammt. So genau ist in ihrem Gefieder die gelbrote Farbe des Saharasandes oder des mehr graugelblichen Landes der Turkmenenwüste widergespiegelt. Ein sehr hübsches Beispiel für Wüstenanpassung ist auch der in den Sammlungen immer noch seltene Saxaulhäher, den selbst zu jagen und dessen kostbares Gelege zu sammeln mir in der transkaspischen Wüste vergönnt war. In ihm ist unser gewöhnlicher Eichelhäher aus einem Baum- zu einem Lauf-, aus einem Wald- zu einem Wüstenvogel verändert worden. Den blauen Flügelspiegel, der im Wüstensand zu auffällig wäre, hat er verloren, das Gefieder ist sandfarbig geworden, die Sitzbeine wurden zu hohen Laufbeinen, auf denen der Vogel mit verblüffender Schnelligkeit von einem Saxaulstrauche zum andern rennt. Die Sandfarbe, die auch bei Wüstengimpeln und Wüstenhühnern, bei Springmäusen und Füchsen, bei Steinkäuzen und Nachtschwalben, bei Gazellen und Antilopen wiederkehrt, ja selbst bei manchen Kriechtieren und vielen Kerfen sich findet, ist zweifellos eine in der Wüste sehr wirksame Schutzfarbe, aber über ihre Entstehung kann man sehr verschiedener Meinung sein. Hitze, Sand und Trockenheit bewirken sicherlich ein Ausbleichen, Vergilben, Sprödigkeit und rasche Abnutzung des Gefieders.

Abb. 10.
Polarlandschaft mit (von links nach rechts) Schneehase, Schneeeule, Walroß, Schneehuhn, Eisbär, Eisfuchs, Renntier, Moschusochse

Das durch alle diese Einflüsse zustande kommende sandfarbige Gewand erweist sich dann aber seiner Schutzfarbe wegen auch als sehr vorteilhaft und wird deshalb durch natürliche Zuchtwahl weiter vererbt, befestigt und vollkommener ausgebildet. Kennzeichnend für die Wüstentiere ist weiter ihre starke Oberflächenentwicklung, von der bereits die Rede war. Wir brauchen nur das Bild der schlanken Gazelle mit dem des plumpen Moschusochsen der Arktis zu vergleichen, um zu wissen, worauf es ankommt. Da ist alles Zierlichkeit und Schlankheit, Schnelligkeit und Anmut, Rasse, Leben, Temperament! (Abb. 11)

Das Kamel kann unbeschadet fünf, im Notfalle aber auch zehn, ja zwölf Tage ohne Wasser aushalten. Wie andere Wüstentiere, wittern sie aber das Wasser auf erstaunliche Entfernung, und von Elefantenherden wird behauptet, daß sie durch niedergegangene Regengüsse auf hunderte von Kilometern geradezu magnetisch angezogen werden, obgleich der Elefant ja kein Wüstentier ist. Den Flug- und Steppenhühnern, den Wüstentauben u. a. ermöglicht es ihr großartiges Flugvermögen, alltäglich weite Strecken zum Aufsuchen der gewohnten Tränkplätze zu durchmessen, und die Kriechtiere der Wüste oder Trockensteppe haben überhaupt nur ein ganz geringes Wasserbedürfnis. Wo aber jahrelang aller Niederschlag ausbleibt, wo jahrelang mit ungehemmter Glut die Sonne herniederbrennt, da erstirbt schließlich alles Tierleben, und es dauert dann Jahrzehnte, bis ein solcher Platz sich wieder bevölkert. So ist alles dreimal gesiebt, was in der Wüste sein Leben zu fristen vermag. Die Vögel sind auch hier wieder den Säugetieren gegenüber entschieden im Vorteil, denn sie haben eine viel geringere Wasserausdünstung, da sie keine Schweißdrüsen besitzen, da ihr Gesicht keine fleischigen, beständig anzufeuchtenden Lippen und Nasenlöcher enthält, sondern hornige Kiefer, und da sie ihren Harn nicht in flüssiger, sondern in kristallinischer Form ausscheiden. So stark schwitzende Tiere wie Pferde können es in der echten Sandwüste nie lange aushalten, und für Wildrinder mit ihrem sehr wasserhaltigen Kot und ihren ewig triefenden Mäulern ist die Wüste überhaupt kein Aufenthalt. Wohl finden sie sich noch in nicht zu trockenen Steppengebieten, aber ihr eigentlicher Wohnort ist der feuchte Sumpfwald. Dagegen gibt es Schnecken in der Wüste, soweit sich noch bescheidenster Pflanzenwuchs findet. Sie besitzen ja das famose Mittel, sich einfach in ihrem Hause einzukapseln, wenn die Sache gar zu ungemütlich wird, und in jahrelangem Dauerschlafe ruhig abzuwarten, bis ein Regenguß sie wieder ins Leben zurückruft und ihnen gleichzeitig den Tisch deckt. Eine algerische Wüstenschnecke, die im Londoner Museum zu Schauzwecken auf einem Kartonblatt angeleimt war, erwachte nach vier Jahren zu neuem Leben, als sie zufällig mit Feuchtigkeit in Berührung kam!

Abb. 11.
Afrikanische Wüstenlandschaft (trockene Steppe) mit Strauß, Sandflughuhn, Springmaus, Wüstenfuchs, Wildesel, Gazelle und Läuferlerche

Wie rasch die ganze Tierwelt wechselt, oder vielmehr mit welch großartiger Promptheit sie sich völlig umzustellen versteht, sobald Nässe durch Trockenheit abgelöst wird oder umgekehrt, das konnte ich in der Dobrudscha während des Weltkrieges beobachten. Wenn hier die alljährlichen Frühjahrsüberschwemmungen der Donau das ganze Land weithin unter Wasser setzen zur Freude der Fische, der Sumpf- und Wasservögel, der Fischotter, Egel und Libellen, dann steigen die Gehäuseschnecken aufs Schilf oder andere über den Wasserspiegel hinauswachsende Pflanzen, und die Nacktschnecken flüchten in den Mulm der hohen und hohlen Weidenbäume. In diesem Mulm wimmelt es überhaupt von allerlei Getier, das hier Rettung fand vor der dräuenden Flut. Spinnen bergen sich zwischen hochstehenden Pflanzenblättern oder fertigen sich aus ihren Fäden ein undurchdringliches Kapselgewebe an, in dem sie ruhig das Fallen des Wassers abwarten. Hasen und Wölfe, Füchse und Iltisse werden zu Schwimmkünstlern und suchen die wenigen über die Flut hinausragenden »Grinde« zu erreichen. Nach einiger Zeit treten die Wasser zurück, das Erdreich kommt wieder zum Vorschein und wird bald von der heißen Sommersonne trockengebrannt. Nun müssen sich Fische und andere Wassertiere in die Dauerseen zurückziehen, nun flüchten statt der Landschnecken die Wasserschnecken in den feuchten Mulm der Weidenbäume, nun können sich die Landtiere wieder auf die zutage tretenden Wiesen und Äcker zerstreuen, die gewohnten Erdlöcher oder sonstige Behausungen erneut beziehen. Das Kleingetier des Wassers zieht sich dagegen in den Schlamm zurück, um hier in Dauerzuständen die Wiederkehr besserer Zeiten abzuwarten, und der Schlammbeißer gräbt sich, seinem Namen entsprechend, metertief in den Schlamm ein, indessen es oben so trocken wird, daß schwerbeladene Wagen über seinen Zufluchtsort hinwegfahren können. So verschwinden bei fortschreitender Dürre nach und nach alle Wassertiere und werden durch Landtiere ersetzt. Es stehen sich hier zwei feindliche Welten gegenüber, die je nach den Wasserstandsverhältnissen miteinander abwechseln und die beide mit den vorzüglichsten Waffen und Trutzmitteln zum Kampfe um den Raum ausgerüstet sind. Bald macht diese, bald jene Platz, und so haben wir hier das Musterbeispiel einer »doppelgesichtigen Fauna« vor uns, wie ich diese auch in anderen Teilen der Welt wiederkehrende Erscheinung bezeichnen möchte.

Unterprovinzen und Gaue

Je mehr man sich in die Tierverbreitung vertieft, desto mehr kommt man zu der Einsicht, daß die Einteilung in Reiche oder Regionen und Provinzen oder Subregionen (wir haben als Beispiel die Dahlsche kennengelernt) nicht genügt, sondern daß man weitergehend auch noch in *Unterprovinzen* und *Gaue,* oder wie wir diese kleineren Gebiete sonst nennen wollen, gliedern muß, wenn man eine richtige Anschauung gewinnen will. Nehmen wir uns zu diesem Zwecke einmal das unserem Verständnis nächstliegende Gebiet vor, nämlich die paläarktische Region von Wallace, die also ganz Europa einschließlich Madeira, Azoren und Kanaren, das gemäßigte Asien und Nordafrika bis zum Wüstengürtel oder Atlas umfaßt. Diese paläarktische Provinz zerfällt naturgemäß in drei Teile oder Unterprovinzen: Sibirien, Mediterrangebiet, Europa. Wir brauchen bloß ein paar Bände von Brehms Tierleben zu durchblättern und einen Blick auf die Bilder zu werfen, um uns zu überzeugen, wie verschiedenartig die Tierwelt dieser drei Gebiete ist. In Sibirien z. B. Zobel, Bobak, Feh, Korsak, zahlreiche eigene Drosseln, Gimpel und Ammern, in Europa Marder, Fuchs, Goldammer, im Mittelmeergebiet Ginsterkatze, Schakal, eigene Schmätzer usw. Noch viel deutlicher wird das aber, wenn wir die geographischen Rassen der einzelnen Vogelarten betrachten, denn dann sehen wir, daß die große Mehrzahl der Arten in jedem dieser Gebiete durch eine oder mehrere besondere Formen vertreten ist, z. B. Kohlmeise, Stieglitz, Wasseramsel usw. Bleibt man nun beim europäischen Gebiet, das besser als mitteleuropäisches Waldgebiet zu bezeichnen ist, so drängt sich dem aufmerksamen Betrachter bald die Überzeugung auf, daß auch hier noch weitere Aufteilungen in verschiedene Gaue vorgenommen werden müssen, deren jeder eine große Anzahl eigentümlicher Rassen beherbergt. Die Wissenschaft steht hier freilich erst im Anfangsstadium, die Gaue heben sich erst allmählich heraus und ihre Grenzen, an denen oft Mischformen leben, lassen sich noch nicht mit genügender Schärfe ziehen. Doch können wir heute schon als feststehend betrachten: den baltischen Gau, der Schweden (aber nicht Norwegen!), Finnland, die ehemaligen russischen Ostseeprovinzen, Ostpreußen und Westpreußen bis zur Weichsel umfaßt, vielleicht aber auch noch einen Ausläufer über die

Weichsel hinweg nach Pommern bis in die Gegend der Oder entsendet; den russischen Gau, den polnischen Gau, zu dem auch die östlichen Teile unserer ehemaligen Provinz Posen und der Ostrand Schlesiens gehören; den pontischen Gau, der Südrußland, Rumänien und Teile Bulgariens umfaßt; den kaukasischen Gau; den germanischen Gau, über den noch näher zu reden sein wird; den westeuropäischen Gau mit Frankreich, Belgien, Rheintal u. a.

1925 erhielt ich durch ein eifriges Mitglied der »Süddeutschen Vogelwarte«, Herrn Ingenieur Wagner in Oporto, schöne Sendungen portugiesischer Vogelbälge, deren Untersuchung für mich Veranlassung zu teilweise ganz neuen tiergeographischen Wahrnehmungen wurde. Fast alle Landvogelarten, von denen überhaupt hinreichendes Studienmaterial zu beschaffen war, sind in Portugal durch eigene, zum Teil sehr scharf herausgehobene und von den mitteleuropäischen Stücken deutlich unterscheidbare Rassen vertreten. Weiter zeichnen sich fast alle diese Rassen einerseits durch Kleinheit, andererseits durch eine auffallend dunkle und düstere Färbung aus. Im schönsten Einklang damit steht es, daß ja auch der portugiesische Menschenschlag der untersetzteste und dunkelhäutigste Europas ist. Diese Erscheinung erklärt sich durch das südliche, dabei aber sehr regenfeuchte Klima Portugals. Wir wissen, daß erhöhte Luftfeuchtigkeit eine Verdunkelung des Vogelgefieders bewirkt. Dies läßt sich sogar experimentell nachweisen, wie uns Abb. 12 belehrt. Wir sehen da aus derselben australischen Finkengattung links eine ganz helle, wüstenbewohnende Art und rechts eine stark verdunkelte aus nicht wüstenartigem Gelände, in der Mitte aber den Wüstenvogel nach nur dreijährigem Aufenthalt in einem feuchten Klima, welch kurzer Zeitraum schon genügt hat, ihn hinsichtlich der Gefiederfärbung gewissermaßen zu einer Übergangsform zwischen den beiden Extremen zu stempeln. Ein sehr lehrreiches Beispiel ist weiter die Wasseramsel, deren Rassen hauptsächlich nach der dunkleren oder helleren Tönung des Bauchschildes unterschieden werden. Bei den portugiesischen Wasseramseln nun ist dieses Bauchschild tiefschwarz, und sie gleichen darin den norwegischen Exemplaren. Dazu wäre gleich noch zu bemerken, daß die Mehrzahl der Tiergeographen und fast alle ornithologischen Systematiker bisher den Fehler begingen, immer nur allgemein von Skandinavien zu sprechen, während in Wirklichkeit

Schweden und Norwegen tiergeographisch ganz verschiedene Länder sind. Schon das Vorkommen von zwei ganz verschiedenen Blaukehlchenformen in beiden Ländern und die völlig abweichende Zugsrichtung (in Norwegen ausgesprochen südwestlich!) hätte stutzig machen müssen. Wir brauchen uns bloß eine Karte der letzten Eiszeit vorzunehmen, um die Erklärung zu finden. Nach dem Abschmelzen der meisten Gletscher ist die Wiederbesiedlung Skandinaviens offenbar von zwei Seiten her erfolgt, einmal im Gefolge der Fichte von Osten her, wodurch sich der baltische Charakter der schwedischen Vögel erklärt, und sodann im Gefolge der Buche von Süden her über Dänemark, über das die Buche selbst nicht viel hinausging, und wohl auch von Westen her, also von England aus. Das für die meisten Tiere schwer überschreitbare skandinavische Gratgebirge bildete dann einen wirksamen Grenzwall.

Abb. 12

a Australischer Webervogel, **Munia flaviprymna,** *ein Wüstenbewohner; b derselbe nach dreijährigem Aufenthalt in feuchtem Klima; c* **Munia castaneïthorax,** *nicht wüstenbewohnenden Art.*
Nach Seth-Smith

In der Tat stehen die meisten norwegischen Rassen den englischen viel näher als den schwedischen. Die britischen Inseln sind ja erst seit verhältnismäßig kurzer Zeit vom europäischen Festland getrennt, und ihre Tierformen stehen deshalb den mitteleuropäischen noch sehr nahe. Wo sich aber schon eigene Rassen herausbildeten, bewegen sich deren Charakterzüge ganz in derselben Richtung wie bei den Portugiesen und Norwegern, also gedrungener Körperbau und Verdüsterung des Gefieders. Manchmal ist die Aufsplitterung schon so weit vorgeschritten, daß England, Schottland und Irland je eine eigene Rasse besitzen, wobei dann die Schotten den Norwegern am nächsten stehen. Um nun auf die Wasseramsel zurückzukommen, so ist es doch eine höchst auffallende Erscheinung, daß portugiesische Stücke mindestens ebenso dunkel sind wie norwegische, während die weiten, dazwischen liegenden Strecken des europäischen Festlandes durchgängig von hellbäuchigen Rassen bewohnt werden. Ähnlich verhält es sich auch bei vielen anderen Vogelarten, und immer bildet dann die englische Rasse die vermittelnde Brücke. Das nordwestliche Spanien gehört seinen Tier-Kennzügen nach auch zu Portugal und der nordwestlichste Zipfel Frankreichs zu England. Auch bei Vögeln aus der Westhälfte Schleswig-Holsteins und Jütlands zeigen sich diesbezügliche Anklänge. Bei Südportugal sprechen mancherlei Anzeichen dafür, daß diese Landschaft faunistisch nicht zum übrigen Portugal gehört, sondern zum iberischen Gau. Ob man die atlantischen Inseln mit zum lusitanischen Gebiet ziehen oder besser aus ihnen einen eigenen atlantischen Gau machen soll, kann hier unerörtert bleiben. Jedenfalls haben die Vogelrassen der angeführten Gebiete so viel Übereinstimmendes und weichen so gleichmäßig von den mitteleuropäischen ab, daß man gut daran tun wird, diese Länder tiergeographisch als »lusitanische Region« zu vereinigen. Nehmen wir nun die Regenkarte Europas zur Hand, so fällt es uns wie Schuppen von den Augen: Der Umriß unseres lusitanischen Gaus fällt fast haarscharf zusammen mit dem Gebiet der größten Niederschlagsmengen (über 100, an den Grenzen 85 bis 100 cm, während z. B. Schweden nur 40 bis 55, das innere Spanien nur 25 bis 40 cm hat)! In der Tat eine überraschende und verblüffend einfache Lösung! Nun wissen wir auch, warum die Landvögel unseres Gebietes alle eine so dunkle Färbung haben. Zwar ist der Begriff einer lusitanischen Provinz auf anderen naturgeschichtlichen Gebieten schon von Forbes u. a. aufgestellt worden, aber auf dem Gebiete der Vogelkunde wurde er bisher noch nirgends mit genügender Klarheit und Schärfe herausgearbeitet, und wir sehen daraus, zu welch schönen Ergebnissen man gelangen kann, wenn man sich etwas mehr in die Tierverbreitung vertieft (Abb. 13).

Wenn wir schließlich noch einen Blick auf die Verbreitung unserer *deutschen Tiere* werfen wollen, so wird der aufmerksame Leser längst gemerkt haben, daß »Deutschland kein tiergeographischer Begriff« ist und sich nicht etwa mit dem »germanischen Gau« deckt. Es sind schon verschiedentliche Versuche gemacht worden, Deutschland tiergeographisch noch weiter aufzuteilen, und gewöhnlich zog man dabei eine Art Mainlinie oder richtete sich nach den Endmoränen der Eiszeit, trennte also Nord- von Süddeutschland. Auf unserem Kärtchen ist eine solche Trennungslinie durch unterbrochene Striche nach Dahl dargestellt. Dieser Forscher zog aber noch eine zweite Grenzscheide von der Weichselmündung zum Donauknie und zum Bodensee, die sich also mit der ersteren kreuzt und so ganz Deutschland in vier Untergebiete spaltet: ein nordwestliches, ein nordöstliches, ein südöstliches und ein südwestliches. Dahl ist Fachmann für Spinnen und stützt sich deshalb hauptsächlich auf die weitreichenden Erfahrungen, die er beim Studium dieser Tiere gewonnen hat. Für die Spinnentiere und wohl auch für manche andere niedere Lebewesen wird also seine Auffassung richtig sein, aber für die Vögel, die ich meiner Betrachtung zugrunde lege, stimmt sie nicht, auch schwerlich für die Säugetiere. In vogelkundlicher Beziehung lassen Nord- und Süddeutschland sich nicht trennen, läßt sich überhaupt kein ostwestlich verlaufender Scheidewall errichten. Die Rassen in beiden Gebieten sind durchaus dieselben, und ich wüßte kaum eine einzige Vogelart, die in Süddeutschland eine andere Rasse ausgebildet hätte als in Norddeutschland.

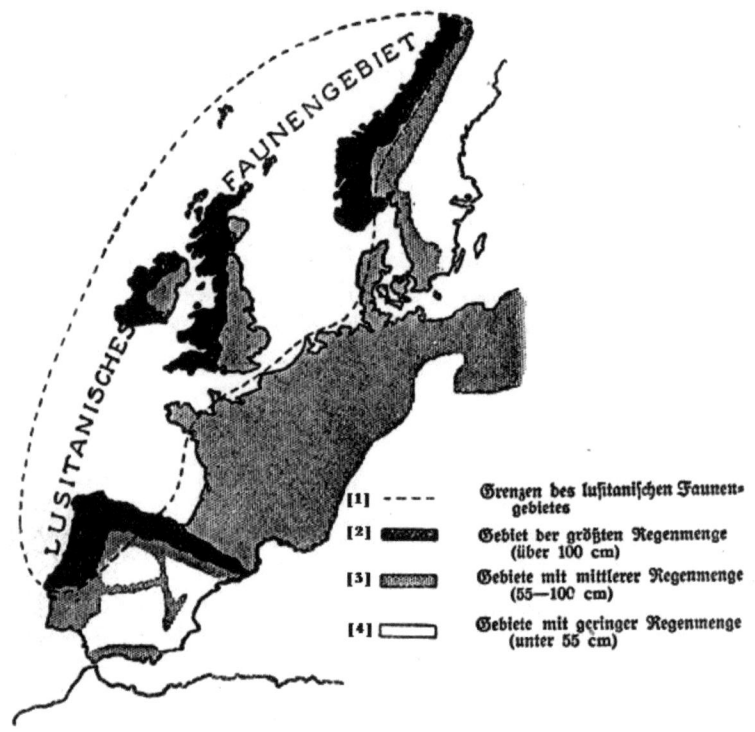

Abb. 13. Kärtchen des lusitanischen Tiergaues
[1] Grenzen des lusitanischen Faunengebietes
[2] Gebiet der größten Regenmenge (über 100 cm)
[3] Gebiete mit mittlerer Regenmenge (55–100 cm)
[4] Gebiete mit geringer Regenmenge (unter 55 cm)

Wohl besitzt dieses einige Arten, die als Brutvögel jenem fehlen und umgekehrt, aber das ist in der Regel nicht auf eigentlich tiergeographische Gründe, sondern auf die gesamte Umwelt zurückzuführen. Norddeutschland hat Meeresküste, viel Sümpfe, Brücher und Seen, Großgrundbesitz; Süddeutschland keinen Seestrand, wenig stehende Gewässer, kleinbäuerlichen Wirtschaftsbetrieb, aber Hochgebirge, das dem Norden fehlt. Im allgemeinen ist Norddeutschlands Vogelwelt allerdings erheblich reicher, und zwar sowohl an Arten wie an Individuen, aber dies hängt, abgesehen von der Geländebildung, nicht zuletzt damit zusammen, daß der in streng weidmännischen Anschauungen aufgezogene norddeutsche Großgrundbesitzer auch der Tierwelt noch ein Plätzchen an der Sonne gönnt, daß deshalb auch solche Arten noch Wohnplätze finden, die aus Süddeutschland, wo sie keine Ruhe mehr haben, schon verschwunden sind. Die erst in neuerer Zeit aus dem Süden in Süddeutschland eingewanderten Arten drängen immer weiter nach Norden, die aus dem Norden in Norddeutschland eingewanderten immer weiter nach Süden, und so vermischen sich die beiderseitigen Faunen immer inniger. Heute kann die Wacholderdrossel ebensowenig mehr als eine Spezialität Norddeutschlands gelten wie der Girlitz als eine solche Süddeutschlands.

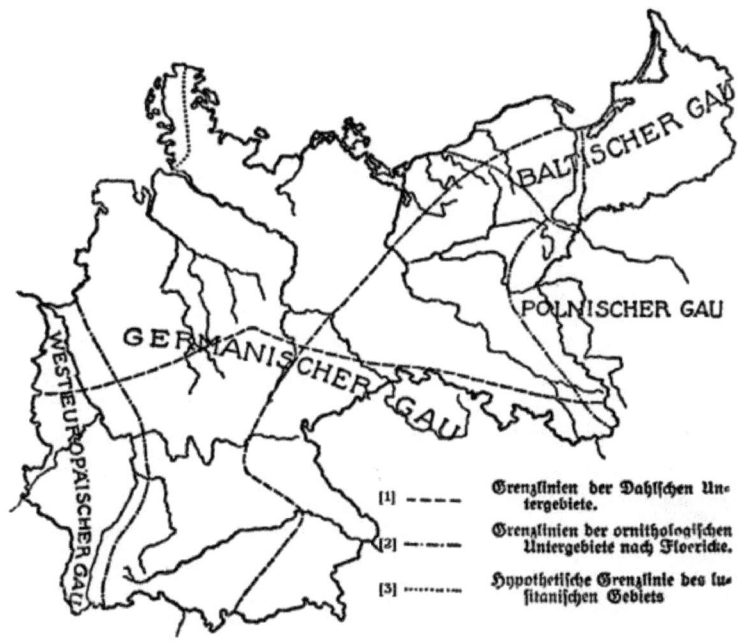

Abb. 14. Faunistische Karte Deutschlands

[1] Grenzlinien der Dahlschen Untergebiete.
[2] Grenzlinien der ornithologischen Untergebiete nach Floericke.
[3] Hypothetische Grenzlinie des lusitanischen Gebiets

Können wir also ost-westliche Trennungslinien kaum ziehen, so doch heute schon mit ziemlicher Sicherheit nord-südliche, wie sie auf unserem Kärtchen voll ausgezogen sind. Da sehen wir zunächst, daß Ostpreußen aus dem Rahmen herausfällt, weil es zum baltischen Gau gehört, dessen Grenze wahrscheinlich an der unteren Weichsel entlang läuft, vielleicht aber auch noch weiter westlich bis zu der mit Fragezeichen versehenen Linie vorgerückt werden muß. Ostpreußen ist ja überaus reich an eigenen Vogelformen, die im übrigen Deutschland nicht vorkommen und von denen hier nur Karmingimpel, Sprosser, Uralkauz, Zwergmöwe und Rotfußfalke genannt seien. Da auch viele der selteneren nordischen Wintergäste in der Regel nur bis Ostpreußen herunterkommen, wie z. B. Schneeeule und Hakengimpel, da endlich der dortige Ostseestrand eine stark beflogene Zugstraße ferner Wanderer darstellt, darf Ostpreußen wohl als die ornithologisch reichste Provinz Deutschlands bezeichnet werden. Fast jede der stark zur Variation neigenden Arten hat dort eigene, von den mitteldeutschen mehr oder minder stark abweichende Rassen ausgebildet, z. B. Graumeise, Kleiber, Stieglitz u. a. Der baltische Grenzstrich setzt sich dann südwärts fort in dem polnischen, der einen Streifen Posens und Ostschlesiens abschneidet. Dadurch wird es erklärlich, daß aus Oberschlesien mehrfach eigene Rassen beschrieben werden konnten. Größere Klarheit über dieses Gebiet werden wir aber erst erhalten, wenn die Rassenbildung und Verbreitung der polnischen Vogelwelt besser erforscht sein wird. Die beste Vorarbeit dort haben ebenso wie im Westen unsere feldgrauen Ornithologen während des Weltkrieges geleistet. Durch eingehende systematische Erforschung ist zweifelsfrei festgestellt worden, daß die Vogelrassen des Rheintales gleichfalls deutlich von den mitteldeutschen abweichen und den französischen näher stehen. Nur in diesem Gebiet finden wir Zaun- und Zippammer, Zitronenzeisig und Steinrötel (vielleicht schon ausgerottet?) als Brutvögel, und sogar die Ginsterkatze geht bis in die Vogesen. Falls meine Vermutung sich bewahrheiten sollte, müßte auch noch die durch die punktierte Linie angedeutete Westhälfte Schleswig-Holsteins aus dem germanischen Gau ausgeschieden werden. Es verbleibt also für diesen noch der durch die beiden Nordsüdlinien begrenzte weitaus größte Teil Deutschlands, zu dem aber tiergeographisch noch der größte Teil Hollands und der Schweiz, Böhmen,

Mähren und alle österreichischen Lande nördlich des Alpenkammes hinzukämen (Abb. 14).

Ein vergangenes Tierparadies

Wie ich dieses mein 20. Kosmosbändchen mit der Schilderung einer deutschen Lebensgemeinschaft, nämlich der unseres Waldes, eingeleitet habe, so möchte ich es auch mit einer solchen schließen, nämlich mit der der deutschen Teich- und Sumpflandschaft. Sie ist in ihrer unverfälschten und naturwüchsigen Form freilich schon recht selten geworden, eigentlich nur noch in Norddeutschland, namentlich in Ostpreußen und Schlesien zu finden, wo der weidgerechte Großgrundbesitz wenigstens stellenweise seine schützende Hand über sie gehalten hat. Hier kann man noch wahre Tierparadiese entdecken. Ich habe ein solches während meiner Studentenjahre in der Bartschniederung ausfindig gemacht. Welch unvergeßlich schöne Stunden reinster Forscher- und Jägerfreuden habe ich dort verlebt! Wie soll ich das Entzücken schildern, das ich bei solchen herrlichen Teichfahrten empfand? Ente auf Ente, darunter die seltensten deutschen Arten, flog vor unserem Fahrzeug auf, Taucher auf Taucher verschwand bei unserem Nahen blitzschnell unter dem Wasserspiegel, Bläß- und Rohrhühner zeigten sich allenthalben, ganze Ketten von Reihern gingen auf, schaukelnde Rohrweihen strichen mit langsamen Flügelschlägen über die undurchdringliche Schilfwildnis, während sich die Zahl der blendend weißen Möwen mit dem rotbraunen, weithin sichtbaren Oberkopf von Sekunde zu Sekunde vermehrte, ihr durchdringendes Geschrei die Ohren betäubte und die Sinne verwirrte. Aus den unzugänglichsten Sumpfwinkeln erscholl der dumpfe Ruf der Rohrdommel, und ein prächtiger Fischadler zog seinem Horste zu. Die Nester der Möwen und Taucher standen stellenweise so dicht, daß man mit dem Kahn kaum durchkommen konnte. An anderen Stellen war die Wohndichtigkeit der Enten derart, daß etwa alle 10 Sekunden eine aufging, und ähnlich verhielt es sich in den versumpften Armen der Bartsch mit den dort brütenden Graugänsen. Dabei wird in diesen Teichen eine sehr lohnende Fischzucht, namentlich Karpfenzucht, betrieben: wieder einmal ein Beweis dafür, daß die Natur selbst sich am besten die Wage hält. Was die Vögel an Fischen wegkapern, das ersetzen sie durch eifriges Vertilgen von Fischereischädlingen und durch ihren massenhaften Kot, der die Teiche düngt und eine sehr rege, der jungen Fischbrut zugute kommende Planktonbildung begünstigt. Fast bei jeder dieser Fahrten bekam man Rot- und Damwild zu sehen, bisweilen auch Schwarzwild, Füchse und Fischottern. Tausende von Fröschen erfüllten die Gegend mit ihrem Gequake, Millionen von blutdürstigen Stechmücken tanzten in der Luft, Ringelnattern schlängelten sich geschmeidig durchs Wasser, zahllose Libellen ließen ihren nadelschlanken Leib in der Sonne glitzern, selbst die seltene Sumpfschildkröte bekam man zu Gesicht. Auf den riesenhaften, uralten Eichen am Teichrande thronten regelmäßig Schreiadler, öfters auch Seeadler, bisweilen sogar Steinadler. Auf den sumpfigen Wiesen stelzten und flogen mit lautem Geschrei hochbeinige und langschnäblige Uferschnepfen. Am Waldrande führten Kraniche ihre Jungen spazieren und erhoben sich dann mit gellenden Trompetenrufen in die Luft, und im Sumpfwalde selbst hatte der sagenumwobene Schwarzstorch seinen Horst. Im Rohr und Schilf seltene Kleinvögel, im Gebüsch das Jauchzen, Schmettern und Schluchzen zahlreicher Nachtigallen. Ein Gefühl tiefer Wehmut ergreift mich, während ich diese Zeilen aus unverlöschlicher Erinnerung niederschreibe, versunkene Herrlichkeiten, von denen heute unter dem Einfluß der »Kultur« und namentlich der Kriegs- und Nachkriegszeit nur noch kümmerliche Reste vorhanden sind! Mußte das wirklich sein?!

Über tradition

Eigenes Buch veröffentlichen

tredition wurde 2006 in Hamburg gegründet und hat seither mehrere tausend Buchtitel veröffentlicht. Autoren veröffentlichen in wenigen leichten Schritten gedruckte Bücher, e-Books und audio-Books. tredition hat das Ziel, die beste und fairste Veröffentlichungsmöglichkeit für Autoren zu bieten.

tredition wurde mit der Erkenntnis gegründet, dass nur etwa jedes 200. bei Verlagen eingereichte Manuskript veröffentlicht wird. Dabei hat jedes Buch seinen Markt, also seine Leser. tredition sorgt dafür, dass für jedes Buch die Leserschaft auch erreicht wird.

Im einzigartigen Literatur-Netzwerk von tredition bieten zahlreiche Literatur-Partner (das sind Lektoren, Übersetzer, Hörbuchsprecher und Illustratoren) ihre Dienstleistung an, um Manuskripte zu verbessern oder die Vielfalt zu erhöhen. Autoren vereinbaren direkt mit den Literatur-Partnern die Konditionen ihrer Zusammenarbeit und partizipieren gemeinsam am Erfolg des Buches.

Das gesamte Verlagsprogramm von tredition ist bei allen stationären Buchhandlungen und Online-Buchhändlern wie z. B. Amazon erhältlich. e-Books stehen bei den führenden Online-Portalen (z. B. iBookstore von Apple oder Kindle von Amazon) zum Verkauf.

Einfach leicht ein Buch veröffentlichen: **www.tredition.de**

Eigene Buchreihe oder eigenen Verlag gründen

Seit 2009 bietet tredition sein Verlagskonzept auch als sogenanntes "White-Label" an. Das bedeutet, dass andere Unternehmen, Institutionen und Personen risikofrei und unkompliziert selbst zum Herausgeber von Büchern und Buchreihen unter eigener Marke werden können. tredition übernimmt dabei das komplette Herstellungs- und Distributionsrisiko.

Zahlreiche Zeitschriften-, Zeitungs- und Buchverlage, Universitäten, Forschungseinrichtungen u.v.m. nutzen diese Dienstleistung von tredition, um unter eigener Marke ohne Risiko Bücher zu verlegen.

Alle Informationen im Internet: **www.tredition.de/fuer-verlage**

tredition wurde mit mehreren Innovationspreisen ausgezeichnet, u. a. mit dem Webfuture Award und dem Innovationspreis der Buch Digitale.

tredition ist Mitglied im Börsenverein des Deutschen Buchhandels.

Dieses Werk elektronisch lesen

Dieses Werk ist Teil der Gutenberg-DE Edition DVD. Diese enthält das komplette Archiv des Projekt Gutenberg-DE. Die DVD ist im Internet erhältlich auf **http://gutenbergshop.abc.de**

/